豊臣家の人びと

栄光と悲哀の一族

北川　央　著
Kitagawa Hiroshi

三弥井書店

豊臣家の人びと——栄光と悲哀の一族　もくじ

第一章　秀吉の青年時代

天下統一を果たし、関白にまで上り詰めた豊臣秀吉。しかし、その前半生は謎に包まれている。秀吉はいったい何をし、どのような青年時代を過ごしたのであろうか？

太閤様のご先祖

文禄四年（一五九五）九月二十五日、京都・東山の大仏殿経堂において「太閤様御先祖御弔《おとむらい》」の法要が営まれ、真言宗・天台宗・律宗・臨済宗（禅宗）・日蓮宗（法華宗）・浄土宗・時宗（遊行宗）・浄土真宗（一向宗）の仏教諸宗派から百人ずつの僧侶が出仕した（東寺文書、『言経卿記』）。俗に「千僧供養」と呼ばれたこの盛大な法要は以後も毎月二十五日と二十九日に大仏殿経堂で営まれた。それは「栄雲院道円《えいうんいんどうえん》」の祥月命日が四月二十五日で、「栄光院妙円《えいこういんみょうえん》」の祥月命日が六月二十九日だったからである（『妙法院史料』）。では、「栄雲院道円」「栄光院妙円」とはいったい何者なのかというと、彼ら両人は秀吉の母大政所《おおまんどころ》の父母で、秀吉にとって「栄雲院道円」

が母方の祖父、「栄光院妙円」はその室で、秀吉にとっては母方の祖母にあたるという。では、その秀吉の母方の祖父母というのはどういう人物なのであろうか。

秀吉は、何か事件や出来事があるたびに、右筆《ゆうひつ》で御伽衆《おとぎしゅう》でもあった大村由己《おおむらゆうこ》に命じて、自らの事績を物語としてまとめさせ、自身の立場や行動の正当化に努めた。『播磨別所記』『西国討伐記』『惟任《これとう》謀反記』『柴田合戦記』『紀州御発向記』『関白任官記』『四国御発向 并《ならびに》 北国御動座記』『九州御動座記』『聚楽行幸記』『大政所御《お》煩《わずらい》御《ご》平癒《へいゆ》記《き》』『金賦之記《かねくばりのき》』『若公《わかぎみ》御誕生記』『小田原御陣』がそれで、いずれも天正年間の出来事を扱い、事件後まもなくまとめられているので、「天正記」と総称される。その内の一つである『関白任官記』には秀吉の出生をめぐる記述があり、それによると、秀吉の祖父母は朝廷で「萩の中納言」という公卿に仕えていたが、大政所が三歳のときに、ある人の讒言《ざんげん》により尾張国飛保村雲《ひぼむらくも》というところに配流となった。その後、成長した大政所は上洛し、禁中に仕えて二、三年で身籠り、尾張に帰って生んだのが秀吉だというのである。秀吉の関白任官は天正十三年（一五八五）七月十一日であったが、この時点で父のいなかった秀吉は、それをいいことに自身の天皇ご落胤《らくいん》説をでっち上げ、母系で自らの出自を語ったのである。

また、秀吉は天正十八年の朝鮮国王宛の書簡に「予かつて托胎《たくたい》の時に当り、慈母、日輪《にちりん》懐中に入るを夢む」(近衛家文書)と記し、文禄二年(一五九三)のスペイン領フィリピン総督宛の書簡では「予が誕生の時、太陽予が胸中に入りたり」(『異国往復書翰集』)、同年の高山国(台湾)宛の書簡では、「それ日輪の照臨する所は海岳山川草木禽獣《きんじゅう》に至り、悉《ことごと》くこの恩光を受けざるはなきなり。予、慈母の胞胎《ほうたい》に処せんと欲するの時に際し、瑞夢《ずいむ》あり。その夜己《つちのと》、日光室に満ち、室中昼のごとし」(『異国往復書翰集』)と述べ、天皇権威の及ばない海外諸国に対しては「日輪(太陽神)の子」という形で自身の出生を飾り、自己を権威付けした。

秀吉の父

池田恒興《つねおき》や豊臣秀次に仕え、晩年は前田利常に招かれた小瀬甫庵《おぜほあん》の著した『太閤記』(甫庵『太閤記』)にも、この「日輪懐胎《かいたい》」説が語られるが、そこには「父は尾張国愛智郡中村の住人、筑阿弥《ちくあみ》とぞ申しける。或時母懐中に日輪入り給ふと夢み、已にして懐妊し、誕生しける」とあり、「日輪懐胎」説は父筑阿弥の存在と並列で記される。同書ではまた、永禄元年(一五五八)九月朔日《さくじつ》に秀吉が織田信長に仕官を直訴した際、「某《それがし》父は織田大和守殿に事《つか》へ、筑阿弥入道と申し候て、愛智郡中村の住人にて御座候。代々武家の姓氏をけがすと云う共、父が代に至って家貧しければ、某微小にして、方々使令《しれい》の身と成りて、君門《くんもん》に達することあたはず」と、自ら

豊臣秀吉生誕地石碑　名古屋市中村区・中村公園

伝豊臣秀吉母（大政所）屋敷跡　名古屋市昭和区

の出自を語ったとし、無事仕官がかなった秀吉は、「筑阿弥が子なればとて」、主君信長からしばらくの間は「小筑《こちく》」と呼ばれたと記す。文中の「織田大和守」は尾張・清須《きよす》城主で、信長の織田家（織田弾正忠家）の主家にあたるから、秀吉の父とされる筑阿弥は、清須城主織田大和守家に仕え、尾張国中村（名古屋市中村区）に居住した人物ということになる。

ところが、徳川家康に近侍した土屋円都の子で、自身も徳川秀忠・家光に仕えた土屋知貞の著した『太閤素生記』には、秀吉の父は「木下弥右衛門」であると記される。尾張国愛知郡には上中村・中中村・下中村という「在所」があるが、弥右衛門は中中村の人で、秀吉も中中村で生まれたという。弥右衛門は信長の父織田信秀に「鉄炮足軽」として仕え、信秀に従い、諸所の戦いで戦功を挙げたが、傷を負い、体が不自由になったため、故郷の中中村に戻って百姓になった。秀吉の母大政所は、同じ尾張国の「ゴキソ（御器所）村」（名古屋市昭和区）の生まれで、中中村の弥右衛門の元に嫁ぎ、秀吉とその姉瑞龍院《ずいりゅういん》を生んだが、弥右衛門が亡くなった後は女手ひとつで二人の子を育てていた。ところが、中中村出身で織田信秀の同朋衆《どうぼうしゅう》であった「竹阿弥」（筑阿弥）が病気になって故郷である中中村に戻って来たため、地元の人々の勧めもあって、「竹阿弥」が弥右衛門の家に入って大政所の婿となり、秀長と南明院《なんめいいん》という秀吉とは「種替り」の男児一人、女児一人を生んだ。秀長は幼少の頃、「竹阿弥子タルニ依リテ」、「小竹」（小筑）と呼ばれたというのである。

この『太閤素生記』によると、『太閤記』が秀吉の実父とする筑阿弥（竹阿弥）は、実父弥右衛門が亡くなった後、母が再婚した継父に過ぎず、『太閤記』が秀吉の幼名とした「小筑」（小竹）も、筑阿弥の実子である秀吉の弟秀長の幼名であるとする。

寛文四年（一六六四）に百歳で没した京都の儒医江村専斎が口述した『老人雑話』でも、秀吉が柴田勝家と雌雄を決した賤《しず》ヶ《が》岳《たけ》合戦において、秀長が救援に向かわず、中川清秀をみすみす討死させたことに秀吉が激怒し、諸将の面前で「身と種ちがったり」と罵倒したという逸話を紹介する。

しかし、『太閤素生記』によると、弥右衛門の死は天文十二年（一五四三）で、大政所と筑阿弥の結婚は弥右衛門の死後とあるにもかかわらず、筑阿弥の子とされる秀長の誕生が天文九年、南明院の誕生が天文十二年であるから、矛盾をきたす。大政所の子は、秀長・南明院を含めて四人とも弥右衛門の子であったとも理解できるが、『太閤素生記』の記述のとおり、秀長と南明院は間違いなく筑阿弥の子であったとすると、弥右衛門の生前から大政所は筑阿弥と通じており、不義の子二人を生んだということになる。もしそうであるならば、秀吉とその姉瑞龍院もまた筑阿弥の子であった可能性がないとはいえないので、『太閤記』の記述もあながち否定はできない。

一般には、『太閤素生記』の記述が通説的位置を占めるが、同書では弥右衛門を織田信秀の「鉄炮足軽」であったとしている。ポルトガル船が種子島に漂着してわが国に鉄砲がもたらされるのは弥右衛門死去と同じ天文十二年であるから、織田信秀が天文十二年以前から鉄砲隊を組織し、弥右衛門が「鉄炮足軽」を務めたことなどありえず、『太閤素生記』の記述を、そのまま鵜呑みにすることはできないのである。

秀吉の兄弟姉妹

異父か同父かは別として、秀吉には、のちに秀吉の跡を継いで関白となる秀次や秀勝（小吉）・秀保を生んだ姉瑞龍院、大和郡山城主で「大和大納言」と呼ばれた弟秀長、秀吉の命で夫と離縁し四十四歳で徳川家康の後室となった南明院という兄弟姉妹があったが、フロイス『日本史』には秀吉の兄弟姉妹について、興味深い話が記されている（第二部八八章）。

一五八七年二月（天正十五年正月）のことであるが、一人の若者が、いずれも美しく豪華な衣装に身を包んだ二、三十人の身分の高い武士たちを従えて大坂城に乗り込むという事件が起こった。彼は伊勢からやって来、「関白の実の

南明院画像（京都・南明院蔵）

兄弟」を称し、彼を知る多くの人々がそれが事実で間違いないことを証言していた。秀吉は軽蔑した口調で母大政所に、「この人物を息子として知っているかどうか、そして息子として認めるかどうか」と厳しく問い質した。大政所は、その若者を「息子として認知することを恥じたので」、「そのような者を生んだ覚えはない」と嘘をついた。大政所がその言葉を終えるか終えないうちに、若者と従者の一行は悉く捕縛され、秀吉の面前で斬首された。彼らの首は棒に刺されて大坂と京都を結ぶ京街道に曝《さら》されたという。

それから三、四ヶ月後、今度は尾張国に姉妹がいるという情報が秀吉の耳に入った。彼女は「貧しい農民」だったので、秀吉は「己れの血統が賤しいことを打ち消そうとし」て、使者を派遣し、「姉妹として認め、それ相応の待遇をするから」と偽り、本人が望んでもいないのに彼女を京都に呼び寄せた。彼女はできる限りの用意をして、身内の女性たちとともに上洛したが、彼女らは入京するや否や捕えられ、全員が無惨にも斬首されたというのである。

このように、秀吉には瑞龍院・秀長・南明院以外にも兄弟姉妹がおり、大政所は不特定の男性と関係をもったらしいのである。それよりすると、秀吉の父については、『太閤素生記』のいう弥右衛門、『太閤記』のいう筑阿弥以外の男性である可能性もないとはいえない。秀吉の参謀として名高い竹中重治《しげはる》の子重門《しげかど》が寛永八年（一六三一）に書いた『豊鑑《とよかがみ》』には、秀吉について、「尾張国愛智郡中村」の生まれで、「あやしの民の子なれば、父母の名も誰かは知らむ」とあるが、母はともかく、父に関しては的を得た記述なのかもしれない。

秀吉生家の生業

先に紹介したように、『太閤記』で秀吉は、信長に仕官を直訴した際、「某父は織田大和守殿に事へ、筑阿弥入道と申し候て、愛智郡中村の住人にて御座候。代々武家の姓氏をけがすと云う共、父が代に至って家貧しければ、某微小にして、方々使令の身と成」る、と述べ、「木下藤吉郎秀吉」を名乗った。これを文字どおりに受け取れば、秀吉の家系は武士ではなかったものの、武士同様に「木下」という苗字を名乗る上層農民であったが、父筑阿弥の代に零落して経済的に困窮し、秀吉は幼い頃からいろいろなところで下僕として働く身に落ちぶれてしまった、ということになろう。一方、『太閤素生記』では、秀吉の父「木下弥右衛門」は織田信秀に仕える「鉄炮足軽」であったが、戦場で傷を負い、戦《いくさ》働きが不可能となったため、故郷中中村に戻り、「百姓」になったというから、秀吉の少年期に生家は農業を営んでいたことになる。

秀吉の生家が農家であったことは、フロイス『日本史』にも「貧しい百姓の倅《せがれ》として生まれた」（第二部九七章）と記され、秀吉の生家は「下賤の家柄であり、彼もその親族も、あるいは農業、あるいは漁業、もしくはそれに類したことを生業としていた」（第二部八八章）とある。

『祖父物語』は寛永十九年（一六四二）の成立かと推定され、秀吉正室高台院《こうだいいん》（お祢《ね》）の祖父杉原家利が住んだとされる尾張国春日井郡朝日村（愛知県清須市）の住人柿屋喜左衛門の祖父が語った内容の聞き書きとされる。同書には秀吉の伯父で、「甚目寺ノ東北町」に住む「又右衛門」が「ホウロク商売」をしていたこと、伯母婿の「七郎左衛門」（杉原家次）が清須で「レンジャクアキナヒ」をしていたこと、秀吉の姉婿「弥介」（瑞龍院の夫三好吉房）が「ツナサシ」であったことが記されている。「ホウロク」は「焙烙」で素焼きの土鍋のこと、「レンジャク」は「連尺」で、「レンジャクアキナヒ」は店舗を持たず商品を連尺で背負って売り歩く商人のこと、「ツナサシ」は鷹匠《たかじょう》の配下で働く者のことであるから、秀吉の周囲にはそういう行商などに携わる者もあったのであろう。しかしそれは秀吉生家が農家であったことを否定するものではないし、彼ら自身が百姓であったことを否定するものでもない。士農工商が未分化であった当時であるから、農作業の傍ら、行商などに従事した可能性は十分にある。

家を出た秀吉

『太閤素生記』によると、秀吉は十六歳のときに家を出たが、その際、実父弥右衛門の遺産として永楽銭一貫文をもらった。清須城下に赴いた秀吉はこの金で木綿《もめん》針を仕入れ、この針を売りながら、旅を続けたという。秀吉が針売りの行商人になったというのである。

一方、『太閤記』では、秀吉は八歳のときに、尾張国の光明寺に入れられたが、寺での修行になじまず、家に送り返された。しかし、実家は貧しかったので、十歳のときに秀吉は家を出て「人の奴婢」となり、「方々流牢の身」となって、遠江・三河・尾張・美濃の四ヶ国を転々とし、一ヶ所に落ち着くことはなかったという。

秀吉が家を出て、家族と離れ離れになったことは、小田原城主北条氏直に宣戦布告した天正十七年十一月二十四日付の朱印状で、秀吉自身が「秀吉、若輩の時、孤と成て」と述べているから間違いない（伊達家文書ほか）。

また、毛利家の外交僧として名高い安国寺恵瓊《あんこくじえけい》は、天正十二年正月十一日付の書状で、当時日の出の勢いであった秀吉を評して、「乞食《こじき》をも仕り候て存ぜられ候仁」と記している。これはフロイス『日本史』に、「貧しい百姓の倅として生まれた」秀吉は、「若い頃には山で薪を刈り、それを売って生計を立てていた。彼は今なお、その当時のことを秘密にしておくことができないで、極貧の際には古い蓆《むしろ》以外に身を掩《おお》うものとてはなかったと述懐しているほどである」とあるのと一致する（第二部九七章）。

李氏朝鮮の宰相柳成龍の著した『懲毖録《ちょうひろく》』も、秀吉は「薪を売って暮らしを立てていた」と記すが、イエズス会の一六〇〇年及び一六〇一年の日本年報には、

彼（秀吉）はその出自がたいそう賤しく、また生まれた土地はきわめて貧しく衰えていたため、暮らしてゆくことができず、その生国である尾張の国に住んでいたある金持の農夫の許に雇われて働いたからである。このころ彼は藤吉郎と呼ばれていた。その主人の仕事をたいそう熱心に、忠実に勤めた。主人は少しも彼を重んじなかったので、いつも森から薪を背負ってくることを彼にいいつけることしか考えなかった。彼は長い間その仕事に従事していた。

とある。これによると、薪売りの商人だったのではなく、富裕な農家に雇われ、主人の言い付けで、森で薪を集め、運んで来るという仕事に従事したことになる。

スペインの貿易商人で、文禄三年に来日したアラン・ヒロンの『日本王国記』には、次のようなエピソードも紹介されている。

その頃美濃の国の辺境に、さる裕福な百姓がいたが、他の大勢の下男にまじって、中背の、おそろしく勤勉で、また実にものわかりのよい、藤吉郎という若者がいた。しかし、なにしろこの家では、他の仲間といっしょに山から燃料のたきぎを担いで持って来るというのが仕事だったのだから、さして重要な召使ではなかったに相違ない。そうやってこの仕事をやっている中に、ある日のこと、たきぎの焚《た》き方について、この家の他の下男らと言い争いを起こした。それはたきぎを担いで持って来る者が思っているよりも、多量の薪が消費されているということだったらしい。主人はこの出来事を耳にすると、すぐさま彼をこれまでの仕事から引き抜いて、ほかの仕事につけた。それはこの家で造っていた酒の役人であった。というのも、酒造りでなければ人から尊敬されないからである。藤吉郎は、この仕事にたずさわっている人々に指図することに専念した。

このエピソードは、『太閤記』に記される織田家の薪奉行としての活躍ぶりに類似する。信長から薪奉行を命ぜられた秀吉は、早速一年間に必要な薪の分量を調べ上げ、現行の三分の一で済むとの結論が出たので、信長に年間一千石ほどを無駄遣いしていると上申したというのである。あるいは織田家に仕官して以降の薪奉行としての事績を、アラン・ヒロンが誤って流浪時代のエピソードとして記したのかもしれないが、富裕な農家で薪刈りに従事した際の経験が織田家仕官後に活かされたのかもしれない。同様に経験を活かし、農家から独立して薪売りの商人になったのかもしれない。いずれにせよ、秀吉が薪刈りの仕事に従事したことは広く知られていたらしい。『川角《かわすみ》太閤記』に「秀吉は、恥ずかしく存じ候へど、昨今までの草刈わらんべなり」とあるのも、秀吉が薪刈りに従事したことを書いたものであろう。このように秀吉は、家を出て以降、農家に雇われたり、行商をしたり、時には「乞食」にまでなるなど、各地でさまざまな経験を積みながら、青年時代をたくましく生き抜いたのである。

そして、やがて秀吉は今川家の家臣松下加兵衛に仕え、さらに織田信長に仕官して、めきめきと頭角を現すのである。

秀吉と陰陽師集団

ここまで秀吉の経歴を確認してきて気になるのは、先に紹介した『豊鑑』に、秀吉は「あやしの民の子なれば、父母の名も誰か知らむ」と記されていたことである。

たしかにフロイス『日本史』にも、秀吉は「貧しい百姓の倅として生まれた」(第二部九七章)とか、「下賤の家柄」(第二部八八章)、「賤しく低い身分から出た」(第二部六八章)、「きわめて陰鬱《いんうつ》で下賤な家から身を起し」（第二部七四章）といった表現がみられるが、「あやしの民」はただ単に貧しいとか、下賤であるとかとは、少し意味合いが違うように感ぜられる。

そこで注目したいのは、秀吉が瓢簞《ひょうたん》の馬験《うまじるし》を用いたことである。瓢簞は内部の中空に不思議な呪力が宿る霊物と考えられ、上杉本の洛中洛外図屏風（米沢市上杉博物館蔵）には、「しやうもし村」の家の屋根に瓢簞が掲げられている様子が描かれている。「しやうもし」とは「声聞《しょうも》師《じ》」「唱門師《しょうもじ》」などと書き、民間陰陽師《おんみょうじ》のことである。彼らの住む「声聞師村」は各地にあり、「陰陽之太夫《おんみょうのたゆう》（陰陽師）」と「舞々《まいまい》太夫《だゆう》（舞太夫《まいだゆう》）」によって構成されることが多かった。ともに不思議な呪力を持つと考えられ、その呪力によって吉凶を占い、穢《けが》れを祓《はら》い浄《きよ》めたが、「舞々太夫」は「曲舞《くせまい》」と呼ばれる芸能の担い手でもあった。織田信長が愛し、江戸時代には幕府の式楽となった幸若《こうわか》舞《まい》なども「曲舞」の一種で、現在まで伝承さ

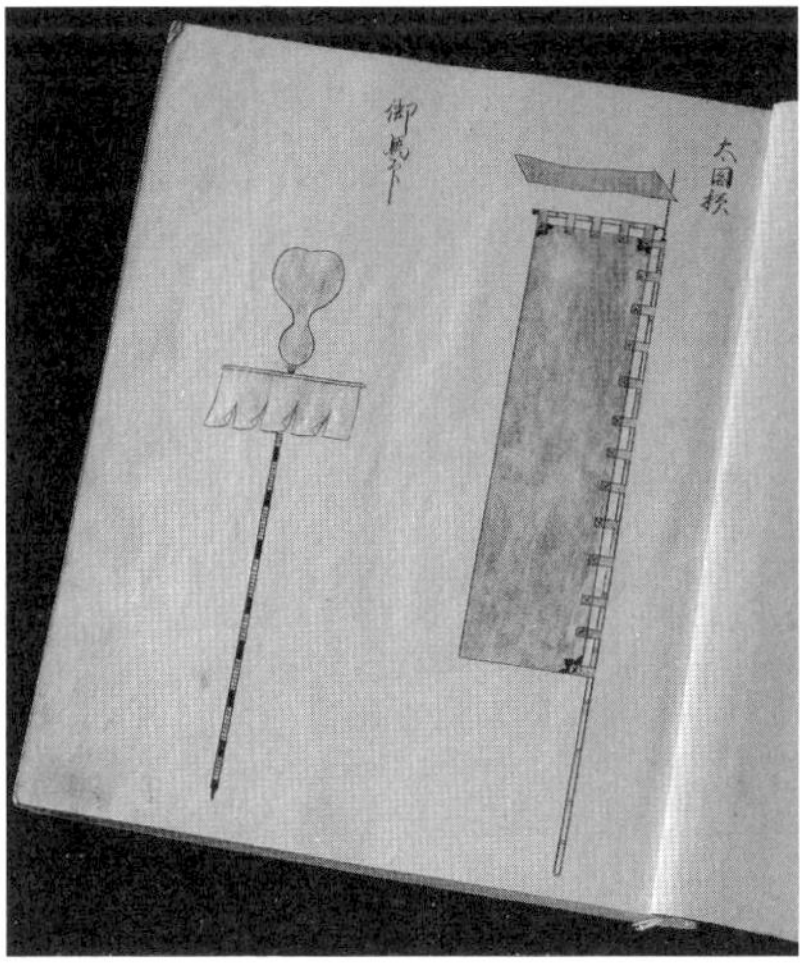

『諸将旌旗図』（大阪城天守閣蔵）より
「太閤様御馬印」部分

上杉本洛中洛外図屏風（米沢市上杉博物館蔵）より
「しやうもし村」部分

れる大神楽《だいかぐら》も「曲舞」を基にした芸能である。

明治五年（一八七二）に新政府が陰陽道を廃止してしまい、陰陽道が神道の中に溶け込んでしまったため、現在ではたいへんわかりにくくなってしまったが、地鎮祭はもともと陰陽道の行事で、声聞師たちには土地の霊を鎮める呪力が備わっていると考えられたのである。地鎮祭の司祭者であった声聞師たちはまた有能な土木技術者集団でもあった。

文禄二年、秀吉は畿内の声聞師たちを尾張に派遣し、荒地開墾に従事させた（『駒井日記』）。そのため、毎年正月に宮中で行なわれる祝福芸の「千《せん》秋萬歳《ずまんざい》」がこれ以降十八年間も途絶えることになったのである。

ここで想起されるのが秀吉の事績である。彼は大坂城・聚楽第・伏見城・石垣山城・肥前名護屋城といった巨大城郭を次々と築き、それにともない城下町も建設した。備中高松城攻撃の際には長大な堤を築いて水攻めを行ない、京都改造にあたっては「御土居《おどい》」を築いて町を囲んだ。文禄五年（＝慶長元年）には淀川の両岸に強固な堤（文禄堤）を築いて流路を固定し、左岸の「河内堤」の上を京都と大坂を結ぶ「京街道」とした。「普請狂い」と呼ばれた彼は、清須城割普請《わりぶしん》、墨俣一《すみのまたいち》夜城《やじょう》など、物語や伝承世界においてもその実力を遺憾なく発揮した。

備中高松城水攻め築堤跡　岡山市北区

石垣山城の石垣　神奈川県小田原市

　秀吉は当時最高レベルの土木技術者集団を率いていたとしか思えないのである。それは彼自身が声聞師であったからではな

長篠合戦図屏風（大阪城天守閣蔵）より織田信長本陣部分
白馬にまたがる信長の右下、背に六芒星の服を着る三人が声聞師。

かろうか。瓢箪の馬験を見た当時の人々は、即座に秀吉を声聞師と認識したのではなかろうか。

長篠合戦図屏風（大阪城天守閣蔵）の織田信長本陣に三人の声聞師の姿が確認できるように、吉凶を占う彼らは戦国大名の側近くに仕えた。また、小谷落城の際、近江国森本村（滋賀県長浜市）の「舞々太夫」である「鶴松太夫」が城主浅井《あざい》長政の父久政の側近くに最後まで仕え、久政の介錯《かいしゃく》を行ない、自身も追腹《おいばら》を切ったように、「曲舞」の担い手でもある彼らは、その点でも戦国大名の側近くに仕える機会に恵まれた。

あるいは秀吉が主君信長に気に入られ、とんとん拍子で出世を遂げたのにも、彼が声聞師であったということがかかわっているのかもしれない。

声聞師というと、宗教・芸能の専業者であったかのように思われるかもしれないが、彼らは基本的に農民であり、農業の傍ら宗教活動・芸能活動を行なったから、声聞師であることは、農民であることを否定するものではない。但し、多くの場合、彼ら声聞師たちが所有する田畑の面積はわずかに過ぎず、耕作に適した土地柄でもなかったので、農業専業で生活するのは難しい状況にあった。イエズス会の一六〇〇年及び一六〇一年の日本年報に「彼（秀吉）はその出自がたいそう賤しく、また生まれた土地はきわめて貧しく衰えていたため、暮らしてゆくことができず」とあるが、その内容は、声聞師村の特徴によく符号する。歌舞伎中村座の十一代目中村勘三郎は、江戸の町奉行に提出した願書に、慶長三年生まれの初代勘三郎について、「私初代勘三郎儀、その生国尾州愛知郡中村の産」（『甲子夜話』巻五十九）と記した。これもまた秀吉の出生地が芸能民の住む集落であったことを伝えている可能性がある。

従来、秀吉の「猿」という仇名《あだな》については、顔が猿に似ていたからとか、動作が猿のように俊敏であったからなどと考えられてきたが、「能」が明治維新までは「猿楽（申楽）」と呼ばれたように、「猿」は芸能の代名詞であった。初代中村勘三郎も在世中は「猿若勘三郎」を称した。秀吉の「猿」も彼が芸能民であったことに由来しているのかもしれない。『太閤素生記』には、秀吉が遠江国久能城主の松下加兵衛と出会い、加兵衛が主人である浜松城主の飯尾豊前のところに秀吉を連れて行くと、秀吉は皮のついた栗を取り出して、口で皮を剝《む》くという芸を披露し、飯尾豊前の幼い娘たちを笑わせたことが記されている。これもまた、秀吉が芸能民であったことを伝えるエピソードなのかもしれない。

〈参考文献〉

跡部信「天下人秀吉の出自と生い立ち」（播磨学研究所編『姫路城主「名家のルーツ」を探る』所収、神戸新聞総合出版センター、二〇一二年）
石毛忠「思想史上の秀吉」（桑田忠親編『豊臣秀吉のすべて』所収、新人物往来社、一九八一年）
小和田哲男著『豊臣秀吉』（中公新書、一九八五年）
片山正彦「秀吉の出自は、百姓・農民だったのか」（日本史史料研究会編『秀吉研究の最前線　ここまでわかった「天下人」の実像』所収、洋泉社歴史新書y、二〇一五年）
北川央「伊勢大神楽―その成立をめぐって―」（横田冬彦編『シリーズ近世の身分的周縁2　芸能・文化の世界』所収、吉川弘文館、二〇〇〇年）
北川央「陰陽師と芸能」（『大阪人』五六―五、大阪都市協会、二〇〇二年）

北川央「水を治めた人々　其の一　豊臣秀吉」（『Levee you・you』五〇、国土交通省近畿地方整備局淀川工事事務所、二〇〇三年。のち同著『大坂城と大坂・摂河泉地域の歴史』に再録、新風書房、二〇二二年）
北川央「大坂城・秀吉と歌舞伎・中村座」（『大阪平成中村座　平成二十二年十月大歌舞伎』プログラム、松竹・関西テレビ放送、二〇一〇年）
北川央「伊勢大神楽と南大阪—山本源太夫組・山本勘太夫組、そして伊藤森蔵組—」（『地域学研究』二、南大阪地域学会、二〇一二年）
桑田忠親著『豊臣秀吉研究』（角川書店、一九七五年）
小島廣次「秀吉の才覚を育てた尾張国・津島」（『逆転の日本史　つくられた「秀吉神話」』所収、洋泉社MOOK、一九九七年）
鈴木良一著『豊臣秀吉』（岩波新書、一九五四年）
服部英雄著『河原ノ者・非人・秀吉』（山川出版社、二〇一二年）
藤田達生著『秀吉神話をくつがえす』（講談社現代新書、二〇〇七年）
山路興造著『翁の座—芸能民たちの中世』（平凡社、一九九〇年）
渡邊大門著『秀吉の出自と出世伝説』（洋泉社歴史新書y、二〇一三年）
渡辺世祐著『豊太閤の私的生活』（講談社学術文庫、一九八〇年）

第二章　豊臣秀吉像と豊国社

典型的な秀吉像

「豊臣秀吉の顔」と言われてほとんどの人がまず頭に思い描くのは、宇和島伊達文化保存会所蔵の秀吉画像（以下、宇和島伊達文化保存会本。他の秀吉画像についても同様の表記とする。）や逸翁美術館本のあの顔であろう。

宇和島伊達文化保存会本は、慶長四年（一五九九）二月十八日付の西笑承兌《せいしょうじょうたい》の賛によって富田信広によって造進されたことが知られるもので、元来は信広の嫡男知信が亡父の菩提を弔うために建立した伊予国宇和島の正眼院《しょうげんいん》（現、大隆寺）に伝来した（同本裏書）。富田信広はもと織田信長の臣で、本能寺の変後秀吉に仕えて豊臣家の奉行となり、また秀吉の御伽衆《おとぎしゅう》をもとめた秀吉側近の人物である。本像を造進した慶長四年段階では伊勢国安濃津《あのつ》城主で、同年十月二十八日死去している。富田家が宇和島に加増・転封となったのは信広の嫡男知信の代のことである。

豊臣秀吉画像（宇和島伊達文化保存会蔵）

一方、逸翁美術館本の方は、面貌部を描いた「紙形《かみがた》」と呼ばれる別紙を画面に貼り込んだ稿本である。肖像画を制作するに際して依頼を受けた絵師は、「紙形」を数枚から十数枚描き、注文主の選んだ一枚を、注文主の希望する姿態・衣装と組み合わせて下絵を完成させる（谷信一「豊太閤画像」）が、本画像はそうした秀吉画像の下絵が遺された稀有な事例で、画面下には「これがよくに（似）申よ（由）しき（聞）いて候」という書き込みがある。

宇和島伊達文化保存会本と逸翁美術館本とでは被《かぶ》り物が唐冠と垂纓《すいえい》の冠、衣服が直衣布袴《のうしほうこ》と束帯《そくたい》といった違いが見られるが、ことその容貌という点に関しては両者とも同じ顔をしているといってよいであろう。逸翁美術館本と同じ垂纓の冠に束帯という姿で描かれる慶長期（一五九六～一六一五）の秀吉画像は、「真田安房守昌幸（花押）」という署名のある高野山・蓮華定院本が知られるくらいで類例は少ないが、（補注一）宇和島伊達文化保存会本同様の姿で描かれるものは、慶長三年八月十八日付の南化玄興《なんかげんこう》の賛から田中吉政の造進と知れる高台寺甲本、慶長五年六月吉辰の南化玄興の賛を有する妙興寺本、同じく慶長五年六月吉辰付の惟杏永哲《いぎょうえいてつ》の賛を有する大阪市立美術館本、慶長六年正月吉日付の南化玄興の賛から九鬼《くき》守隆の造進と知れる岐阜・個人本、慶長六年四月十八日付の弓箴善彊《きゅうしんぜんきょう》の賛を有する高台寺乙本をはじめ、新日吉《いまひえ》神宮本、本妙寺本、高野山・持明院本、誓願寺本、醍醐寺本、多賀大社本、善性寺本、吉川報效会本など優品が数多く知られる。

多様な秀吉画像

したがって、宇和島伊達文化保存会本や逸翁美術館本の系統が秀吉画像を代表する一群であることは誰しも異論のないところと思われるが、慶長期の秀吉画像の作例にはこれら以外にもいくつかの系統が見いだされる。

たとえば、近衛信尹《このえのぶただ》筆と伝えられる慶長三年八月日付の賛を有する畠山記念館本と慶長四年八月十八日付の三章令彰《さんしょうれいしょう》の賛から杉原長房の造進と知れる等持院本の系統。嫡子豊臣秀頼が自筆で「豊国大明神」と父の神号をしたため、秀吉辞世和歌草稿と伝えられる和歌を貼り付けた大阪・豊国神社本と、姿態・衣装は全く違うが大阪城天守閣本、叡福寺本の系統。慶長五年五月十八日付の玄圃霊三《げんぽれいさん》・惟杏永哲の賛から山中長俊の造進と知れる西教寺本の系統、などである（北川央「神影」）。

これら以外に慶長四年四月十八日付の西笑承兌の賛によって、秀吉の侍医をつとめた施薬院《やくいん》全宗《ぜんそう》の造進であることがわかる米国のサンフランシスコ・アジアミュージアム本、禅林寺（永観堂）所蔵当麻曼荼羅《たいままんだら》の裏書によって慶長十二年に同寺本堂が再興された際、本尊阿弥陀如来立像（みかえり阿弥陀）を中央に安置し、その右壇に当麻曼荼羅を掛けたのに対し、左壇に掛けられたことが知られる禅林寺本の系統が存在する。実はこの系統の作例が宇和島伊達文化保存会本・逸翁美術館本の系統に次いで多く、神戸市立博物館本、藤田美術館本、大徳寺本、山口・弘津家本、真正極楽寺（真如堂）本、金戒光明寺本、岐阜市歴史博物館本、名古屋市秀吉清正記念館本などがこの系統に属すると考えられる。

秀吉画像の分類・系統立てには筆者の私案以外にも様々な考えが成立しうると思われるが、谷信一氏が記したように（谷信一「豊太閤画像」）、『定慧圓明國師虚白録《じょうええんみょうこくしきょはくろく》』には慶長三年十一月付と慶長四年八月吉辰付で秀吉画像に記した南化玄興の賛文が二種収録され、『皇朝名畫拾彙』には大谷吉継が造進し南化玄興が慶長四年三月十日付で賛をしたためた一幅が紹介されている。それら以外にも毛利元就の菩提寺・洞春寺《とうしゅんじ》にもかつて惟杏永哲の賛を有する秀吉画像一幅が伝来していたことが知られ（「正宗山洞春寺由緒書」『防長寺社由来』六）、主大内義隆を弑逆したことで知られる晴賢《はるかた》ら陶《すえ》氏一族の菩提寺・竜文寺《りゅうもんじ》（「竜文寺縁起并由緒覚」『防長寺社由来』二）や博多の豪商・神屋宗湛宅（『筑前国続風土記附録』・『筑前国続風土記拾遺』・『筑前国福岡区地誌』）、播磨国の一向一揆の拠点であった英賀《あが》御坊の後身、姫路の亀山本徳寺（『大日本寺院総覧』）などで秀吉画像の存在したことが知られるから、今後も新たに秀吉画像が発見される可能性はきわめ

豊臣秀吉画像（畠山記念館蔵）

豊臣秀吉画像（大阪・豊国神社蔵）

豊臣秀吉画像（滋賀・西教寺蔵）

豊臣秀吉画像（神戸市立博物館蔵）

て高く、それによって先の分類・系統立てを見直す必要が生じてくるかもしれない。

以上のような分類・系統立てをはじめ、秀吉画像について考察すべき課題はまだまだいくらでも残されているが、とりあえず本章では、なぜこれほど多くの秀吉画像が作られ、それらはどのように使用されたのか、という問題に絞って考えてゆきたいと思う。

豊国社の成立と破却

明智光秀の謀叛によって斃《たお》れた主君織田信長の後を継ぎ、全国平定を成し遂げた豊臣秀吉は、慶長三年八月十八日、わずか六歳の嗣子秀頼を残して伏見城中で六十二年の生涯を終えた。折しも第二次朝鮮出兵の真っ最中であったためその死は極秘とされたが、大仏殿（方広寺）に鎮守社を造るとの名目のもと、同年九月十一日には釿始めの式が営まれ社殿の造営工事が始まった。十一月一日には大仏殿の東、東山・阿弥陀ヶ峰付近一帯で地均《じなら》しが行なわれ、次第に豪壮華麗な建築が姿を現わし、翌年四月十六日に仮殿遷宮、十八日には正遷宮《しょうせんぐう》の儀が執り行なわれた。豊臣秀吉を祭神とする豊国社《ほうこくしゃ》の成立である。

秀吉の神格化は、『お湯殿の上の日記』慶長四年三月五日条、『当代記』慶長四年四月十九日条、『伊達日記』といった国内史料およびイエズス会宣教師フランシスコ・パシオによる

「一五九八年度日本年報」などによって、彼自身の遺言によって成されたことが知られるが、秀吉はその際「新八幡」という神号を望んだと伝えられる（『伊達日記』・「一五九八年度日本年報」）。ところがこの神号については勅許がおりず、慶長四年四月十七日付で、わが国の総名「豊葦原中津国《とよあしはらのなかつくに》」に由来する（『豊国大明神臨時御祭礼記録』）という「豊国大明神《とよくにだいみょうじん》」の神号宣下《せんげ》が行なわれた。豊国社は、その名のとおり豊臣政権の国家神として君臨することとなり、鎮座日である四月十八日と秀吉の祥月命日である八月十八日には例祭が行なわれたが、はやくも慶長五年には関ヶ原合戦が勃発し、同八年には徳川家康が征夷大将軍となって江戸に幕府が開かれたため、その存在は微妙なものとなった。とはいえ、秀吉七回忌の慶長九年と十三回忌の慶長十五年には盛大に臨時祭礼が行なわれ、特に慶長九年の際の京都町衆の熱狂ぶりは京都・豊国神社と徳川美術館に所蔵される「豊国祭礼図屏風」にいきいきと描き留められ、世に名高い。ところが、慶長十九年の十七回忌の臨時祭礼は、その準備の途中で起った大仏殿鐘銘事件のために中止となり、事態は大坂冬の陣・夏の陣へと急展開を遂げていったのである。

慶長二十年（＝元和元年）五月七日に大坂城が落城、翌八日には淀殿・秀頼母子が自害し豊臣家は滅亡した。豊国社破却の沙汰が金地院崇伝《こんちいんすうでん》から別当神龍院梵舜《しんりゅういんぼんしゅん》に伝えられたのは、それから三ヶ月経った同年七月九日のことであった（『舜旧記』同日条）。梵舜はこの旨を翌十日、故秀吉の正室北政所に告げた（『舜旧記』同日条）が、その後彼女の奔走・嘆願が実り、社頭一円破却の沙汰は撤回され、豊国社の社殿は「崩れ次第」にまかせることとなったという（「東照宮御実紀附録」所引「駿河土産」）。

豊国社の神影

七月九日に豊国社破却の沙汰が出された際、豊国社とともに豊臣政権の国家的寺院として存在してきた大仏殿の住持には、それまでつとめてきた照高院興意《しょうこういんこうい》にかわって妙法院門跡《もんぜき》の常胤法親王が任ぜられた（「台徳院殿御実紀」同日条）。そしてこの妙法院へは、豊国社に納められていた秀吉の遺品類が元和元年八月二十九日付で梵舜から引き渡され（「神龍院豊国社納御神物注文」『妙法院史料』五）、妙法院側では九月二日付でその受取証をしたためた（「妙法院坊官豊国社奉納神物注文」『妙法院史料』五）。また臨時祭礼の折に使用した装束類についても梵舜は同年九月二日付で引き渡し（「神龍院梵舜豊国社臨時神事騎馬装束等寄進状」『妙法院史料』五）、同日妙法院側がやはり受領証をしたため梵舜に渡した（「妙法院坊官連署請取状」『妙法院史料』五）。

天保三年（一八三二）三月十一日から五十日間、これらを含む「太閤秀吉公の御装束并御手道具類或ハ韓人の装束の類」が、寛政十年（一七九八）七月一日の落雷で伽藍悉《ことごと》く焼失した大仏殿の再興勧進のため、大仏殿仮堂の開帳とあわせ妙法院御殿において一般に公開された。この時、妙法院の「御鎮守　新日吉社」の境内で「豊国大明神真影」・「同御神号　秀頼公八歳之御筆」その他が観覧に供された（『摂陽奇観』所引「御宝録」）。この二点は寛政十年十一月に妙法院から新日吉社境内の樹下社に、「大閤着御」の「御直衣　一襲、御指貫　一具、御檜扇一握」の三点とともに「豊国宮中　大閤御神像　一鋪、秀頼公御筆　豊国御神号　一幅」の名で寄付されたものである（「妙法院坊官松井永亨寄進状」）。したがって、こんにちの新日吉神宮本がかつての豊国社神影に相当することが明らかとなる（藤島益雄『新日吉神宮と豊国社頽廃後その神躰の行方と樹下社の創建』）。

加藤清正による「豊国大明神」勧請

ところで、神になった秀吉の分霊は各地に勧請された。その一例を見ておくこととしよう。慶長四年十一月二十九日付で肥後国阿蘇大明神長善房寺社中に宛てた判物（「西巖殿寺文書」『阿蘇文書』）の中で熊本城主加藤清正は次のように述べている。

天正十五年（一五八七）の九州攻めの際、郡中の者共が邪心を起こし秀吉に敵対した。この折の罪が阿蘇社神主一人の責任に帰せられたため阿蘇社は「成敗」を受け、「破却」の状態に陥った。これに対し阿蘇社側から、本当に邪心を構えた者を成敗し、阿蘇社が「破滅」しないようにして欲しいとの嘆願が出され、その旨は秀吉の耳にまで達していた。清正自身は、秀吉から許可を得て社殿を復興し、坊中を取り立て、社領も宛行《あてが》おうと思っていたが、朝鮮出兵が長引いたため延引となり、そのうちに秀吉が他界してしまい念願を果たすことが出来なくなってしまった。ついては、肥後に「豊国大明神」を勧請するつもりであるので、それが成就した上で「神明《(命)》」を受け、神領等も申し付けることとしたい。

以上の内容により、清正が「豊国大明神」の分霊を自らの領国である肥後に勧請し、分祀を建立する予定であったことがわかるとともに、阿蘇社の復興・社領宛行という現実問題が「豊国大明神」の「神明《(命)》」によって決せられるという、興味深い事実も知られるのである。

清正によって勧請された肥後・豊国社は、熊本城の北東立田山に造営された。京都・豊国本社の萩原兼従《かねより》によって社家の任命なども行なわれた（『舜旧記』慶長十八年十二月一日条）が、豊臣家滅亡の後、肥後・豊国社も京都の本社同様、「国守ヨリ改易」を申し付けられたという（『舜旧記』元和二年十一月十三日条）。

肥後に「豊国大明神」を勧請した加藤清正自身は慶長十六年に死去し、墓所は熊本城の北西、日蓮宗本妙寺境内に営まれた（浄池廟）。本妙寺はもと大坂にあったが、慶長五年に清正が熊本城三の丸に移し、清正没後熊本藩主となった嫡子忠広が父の墓所を定めたため、同所に移転した。肥後・豊国社の別当はこの本妙寺がつとめていた（田辺建治郎「豊国大明神の信仰と祭祀について」）。

加藤忠広は、表向きは幕府を憚り豊国社を廃社としたようであるが、実際には祭祀を続けており、寛永九年（一六三二）加藤家が幕府から改易の処分を受けた際、罪状の一つに数え挙げられている（「加藤忠広配流一件覚書」）。

加藤家断絶により名実共に肥後・豊国社は廃社となったわけであるが、この折、同社の神影も別当寺であった本妙寺に移されたのではないだろうか。本妙寺本がそれで、同寺にともに伝存する「秀頼八才」の自筆神号「豊国大明神」（以下、秀頼自筆神号「豊国大明神」については、その年齢表記と合わせて「秀頼八才神号」というように表記する）についても同様の経過をたどったのではないかと推測される。

先に見た豊国本社の場合でも、妙法院から神影とともに秀頼八歳神号が樹下社へ移されていたが、そもそも神号は、慶長十八年の大坂城内への豊国社勧請の際の遷宮行列次第（『舜旧記』慶長十八年二月二十七日条）でも「神号朱箱入奉乗羽車右三人榊ヲ持、左三人同、覆之」と記されるように、勧請において非常に重要な位置を占めるものなのである。

肥後・豊国社の場合でいうと、「秀頼八才」は慶長五年に相当し、清正が勧請を決意した翌年に当たっており、「豊国大明神」の分霊勧請に際し秀頼から賜った可能性が高い。したがって、本妙寺本と秀頼八才神号とはともに肥後・豊国社を象徴する品であった思われるのである（内田九州男・北川央「熊本県芦北町・宇土市・熊本市　豊臣時代資料・史跡調査概報」）。

秀頼自筆神号と豊国分祀

豊臣秀吉や秀頼・北政所・淀殿らの書跡を数多く収録した『豊大閤真蹟集』には合計二十一点の秀頼自筆神号が掲載されている。それ以外に筆者が確認したものを加えると合計三十点に及ぶが、これらのうち本妙寺の場合のように秀吉画像がともに伝存するのは醍醐寺・大徳寺・西教寺・名古屋市秀吉清正記念館（木下利次を祖とする旗本木下家伝来）の四例で、長浜八幡宮のように、寛政九年（一七九七）の秀吉二百年忌に際して作られた江戸時代の秀吉画像をともなう例もあるが、これもあるいは元々は慶長期の秀吉画像が存在したのかもしれない。

先の四例のうち醍醐寺の場合は、醍醐寺座主《ざす》・三宝院門跡であった義演《ぎえん》が、秀頼八才神号を拝領し、慶長九年十月十七日にそれを表具するよう仰せつけた旨、彼の日記『義演准后《じゅごう》日記』同日条に記されている。醍醐寺三宝院境内には現在も豊国明神社の小祠が遺り、社殿に納まっていた「御神躰御箱」には、「文化八年（一八一一）三月一日、醍醐寺座主前大僧正法印高演謹識」として「伝ニ曰ク豊国秀頼八歳ノ時建立」云々と記された木札が入っているという（津田三郎『秀吉・英雄伝説の軌跡』）。この三宝院境内の豊国分祀について、その建立年月を記さず高演が「豊国秀頼八歳ノ時建立」としたためたのは、分祀成立と八才神号との間に関係があったためであろう。

　また戦災で焼失したが、福岡市の豊国神社にも秀頼八才神号が伝存していた。この豊国神社は、『筑前国続風土記拾遺』が「宗湛屋敷と云ハ今ハ奈良屋番に在て秀吉公の神霊をも勧請せり」と記した、神屋宗湛屋敷内の豊国分祀の系譜につながる（内田九州男・北川央「福岡市豊国神社・福岡市博物館所蔵資料調査概報」）。既に記したように、現在その行方は定かでないが、かつて宗湛子孫宅には秀吉画像一幅が伝来したのであり、ここでも秀頼八才神号と秀吉画像がともに存在したことが知られるの

豊臣秀頼自筆神号
「豊国大明神」（大阪城天守閣蔵）

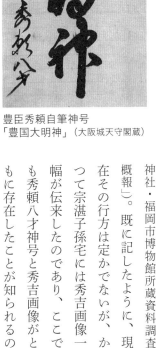

である。

画像の画面上部に秀頼が自筆神号をしたためた大阪・豊国神社本の場合は特殊なケースと判断されるが、これらを併せ考えると、秀頼自筆神号は秀吉画像とともに豊国分祀を考察する上で貴重な史料と評価できるのであり、秀吉画像と秀頼自筆神号があれほど多く伝わるということは、それらを祀る豊国分祀がかなりの数存在したことを示しているということになるのである。

和泉・谷川の豊国分祀

さて『豊大閤真蹟集』には、大阪府泉南郡岬町の理智院に所蔵される秀頼八才神号も収録されているが、これについて『和泉名所図会』は「谷川湊」の項で

吹飯《ふけひ》の南にあり。この地の領主桑山法印氏勝、慶長年中始めて湊を掘って渡海の船泊《ふなどまり》とす。法印、食禄を太閤秀吉公に受けて恩恵を蒙る。ゆゑに、湊の西の山に祠廟を建てて主恩を謝す。これを豊国山《とよくにさん》といふ。秀頼公、十二歳にして自ら豊国大明神の五字を書して法印に賜ふ。今、理智院にあり。

と記し、『泉州志』もほぼ同様の所伝を載せている。

「八歳」とすべきところを「十二歳」と大きな過ちを犯しているが、現在理智院に所蔵される秀頼八才神号がもともとは当地谷川にあった豊国分祀に伝わったもので、桑山重晴（氏勝）が秀頼から賜ったものであるとの重要な情報を提供してくれている。さらに同書は「宝珠山光明寺理智院」の項で「秀吉公像」を取り上げ、

本堂の奥社内に安置す。長《みたけ》一尺ばかり。面貌、隆準《りゅうじゅん》竜顔《りょうがん》にして凡ならず。威風凛々《りんりん》たる尊像なり。初めは豊国山《とよくにやま》祠廟《しびょう》の神体なりしを、元禄年中、火災の後、当寺に遷す。すなはち当山も桑山法印が再興の地なり。

豊臣秀吉木像（大阪・理智院蔵）

と述べ、当地谷川の豊国分祀が元禄年中（一六八八〜一七〇四）火災に遭い焼失してしまったこと、また現在理智院に所蔵される秀吉木像がその豊国分祀の神体であったことを我々に教えてくれるのである。

理智院の秀吉木像は、桃山時代の菊桐紋秋草蒔絵の施された厨子に納められ（大阪市立美術館『日本・中国・朝鮮に見る　16世紀の美術』）、その由緒は、『大阪府全志』に

理智院は字風呂谷にあり、宝珠山と号し、真言宗仁和寺末にして不動明王を本尊とす。縁起に依れば、聖武天皇の勅に依り、天平年中僧正行基の開創にして、慶長十年領主桑山修理太夫之を再建せりと。豊臣秀吉五十七歳の肉附像を安置す。像は文禄元年三月朝鮮征伐の時、秀吉堺の浦に船を艤して九州に向はんとせしに、偶《たまたま》風起り浪荒るゝこと甚だしかりしかば、此の谷川の浦に船を停めて時の至るを待ち、一日当山に遊びて追風不動尊のあるを聞き、住僧桂忍に海上順風の護摩供養を修せしめしに、風浪全く鎮静しければ大に喜び、弘法大師作の不動尊像を船玉として出帆し、凱旋後自ら我像を刻み、肉を植ゑて当山に納めしものなりといふ。航海者の崇敬殊に厚し。

と記されるように、追風不動尊の霊験譚という形をとって語られている。厨子正面左右の扉に描かれた二人の僧形の人物についてもこの由緒にしたがい、秀吉在世当時の理智院住職桂忍と桑山重晴であるとされてきたが、実際には谷川・豊国分祀の神体であったのである（北川央「織豊期の岬町」）。

秀吉木像を祀る豊国分祀

これまでは秀吉画像・秀頼自筆神号と豊国分祀の関係に注目してきたが、谷川・豊国分祀のように画像ではなく木像が秀頼自筆神号とともに伝存する事例が知られた。ちなみに現在秀頼自筆神号は三十例確認できるとしたが、それらのうち秀吉木像をともなうのは理智院以外では滋賀県長浜の知善院のみである。

秀頼自筆神号はともなわないが、毛利家の外交僧として著名な安国寺恵瓊《あんこくじえけい》によって勧請され、関ヶ原合戦後は毛利輝元にかわって新たに広島城主となった福島正則によって祭祀が受け継がれた広島・国泰寺《こくたいじ》境内の豊国分祀の場合、「御長五寸」の「豊国大明神木像」を安置していた（『知新集』一二）。

国泰寺のものは第二次世界大戦の原爆投下により寺院の伽藍もろとも焼失してしまったが、

蜂須賀《はちすか》家政・至鎮《よししげ》父子によって創建された徳島県小松島市の阿波・豊国社の場合は、「丈六寺日鑑」や『阿波志』・『阿波誌』などに記される秀吉木像（像高二五・二センチメートル）がこんにちも菊桐紋蒔絵の厨子に納められて伝存している（北川央・跡部信「徳島県小松島市・徳島市　豊臣時代資料・史跡調査概報」）。『阿波国名勝案内』によれば、この秀吉木像は秀吉の死後、その遺言に基づき蜂須賀家政・至鎮父子が慶長四年五月十五日秀頼から賜ったもので、翌慶長五年から徳島城内に祀っていたという。関ヶ原合戦後、家政は家督を至鎮に譲って隠居し、慶長六年勝浦郡中田村に別館を建て、「蓬庵《ほうあん》」と号し移り住んでいたが、慶長十九年になってその「中田村之御殿より弐町計隔」った地に新たに「豊国大明神之社」を建立し（『阿淡年表秘録』）、木像をそこに移したと伝える。

この中田村の阿波・豊国社の別当寺として権大僧都清仁和尚を初代住持に豊林寺が創建されたが、豊国社・豊林寺とも幸い豊臣家滅亡の後も廃社の沙汰を免れ、寛永十二年（一六三五）に至ってもなお蜂須賀家より二〇〇石の社領の寄進を受けている（『阿淡年表秘録』）。ところが家政の嫡孫忠英《ただてる》の代、正保三年（一六四六）に豊林寺から破損した堂舎・社殿の修復願いが出されたのに対し、藩ではこれを「破損次第ニ仕置」ようにと命じた（『阿淡年表秘録』）。そして忠英の次の藩主光隆の代、承応年中（一六五二～五五）に豊国社の社殿は破却され、神体たる秀吉木像と豊国社上棟の折の棟札はこの時とともに中田の中郷村松軒文左ェ門に預けられた（『阿波名勝案内』）。文左ェ門の子孫である中田村の庄屋鶴羽久助は秀吉百回忌にあたる元禄十一年（一六九八）に地元宝蔵寺に木像と棟札を納めた（『勝浦郡志』ならびに藤岡道也「豊林・豊国の文献資料」）。宝暦十二年（一七六二）に宝蔵寺を訪れた丈六寺の僧は阿波・豊国社上棟の際の棟札を一字一句写し取り、「太閤之尊像」についても「仮社ニ奉入、門内右ノ手ニ新日吉明神ト仰奉ル」（「丈六寺日鑑」）と記している。この日吉明神社がこんにちの「豊国神社」に名を改めたのは慶応四年（＝明治元年、一八六八）七月十八日のことで、棟札の方は現在でも宝蔵寺の後身堀越寺に保管されている（津田三郎「小松島の豊国神社と秀吉の木像」）。表面上部に「奉建立豊国大明神御社一宇」と墨書され、下部には大仏殿鐘銘事件の最中、「慶長拾九甲寅歳　八月十六日」の日付と「大壇越豊冨朝臣沙弥蓬庵 豊冨朝臣蜂須賀阿波守至鎮」の名前その他が記されている（北川央・跡部信「徳島県小松島市・徳島市　豊臣時代資料・史跡調査概報」）。豊臣家滅亡にともない廃社等の憂き目をみたものが多いためか、各地の豊国分祀に関する史料はきわめて少ないが、その中で阿波・豊国社の場合、関連史料に恵まれ、慶長十九年の創建以来、こんにちに至る経過がきちんとたどれる珍しい事例となっている。

弘前藩主津軽家でも初代藩主為信が慶長十六年に城内北の郭に「一社」を「御建立」したが、

その「御神体は豊太閤の御木像也」と伝えており（「小山内氏古文書」）、木像はこんにちも弘前市の革秀寺《かくしゅうじ》に伝存する（宮崎道生「〈口絵解説〉館神」）から、既に紹介した谷川・豊国分祀、広島・国泰寺境内の豊国分祀、阿波・豊国分祀の例も併せて考えると、画像ではなく木像を祀った豊国分祀も多数存在したと思われる。

先に紹介した「駿河土産」は、当初徳川幕府が豊国社の破却を命じた際、「太閤の影像は束帯をとり円頂になし、社頭も撤毀し除地とすべし」との沙汰であったと記しているから、京都の豊国本社にも現在の新日吉神宮本以外に、冠を取りはずし「円頂」にすることの可能な秀吉木像が祀られていたのであろう。(補注2)

したがって豊国分祀を考える上では、秀吉画像・秀頼自筆神号に加えて、秀吉木像も視野に入れてゆかねばならないことになるが、筆者が確認し得たところでは、国泰寺のそれのように焼失したものや、山城国橋本の常徳寺、河内国金剛山の転法輪寺《てんぽうりんじ》大宿坊のもののように『集古十種』でしか知られないものも含めて二十七例となる。常徳寺のものはそこに描かれた像容からして、同じく石清水八幡宮山下禅家五ヶ寺組のひとつである神応寺《じんのうじ》で現在所蔵されている秀吉木像と同一である可能性があるが、いちおうこれらを別のものとし、『観心寺文書』中の慶長十五年卯月四日付「豊臣秀吉影像入目覚」を「吉酒七升、但堺仏師へ祝ニ遣ス」との文言から木像開眼供養に関する文書と判断した結果の数字である。そしてそれらの中には、阿波・豊国分祀の木像が秀頼から蜂須賀家政・至鎮父子が賜ったものと伝えられたように、名古屋・常泉寺のそれは加藤清正が秀頼から賜ったもの（名古屋市役所『郷土を中心とした海外発展資料展図録』）、長浜・知善院のそれはもと大坂城中にあったもの（大阪市『豊公特別展観図録』）といったように、豊臣家から拝領との伝承の付随した木像があることにも注目しておきたい。

摂津・珊瑚寺の秀吉木像

さて先に筆者は、現存しないものも含めて二十七例の秀吉木像を確認し得たと記したが、その中に昭和五十五年（一九八〇）の火災で焼失した大阪市天王寺区の珊瑚寺の一躰がある。

菊桐蒔絵の施された厨子に入っていたこの秀吉木像について、『摂津名所図会』は「珊瑚寺」の項で「秀吉公尊像」として紹介し、「長《みたけ》八寸ばかり。五十七歳の影なり。桑山修理太夫の寄附」と記している。珊瑚寺の秀吉木像が桑山重晴の造立・寄付になることは、他にも『摂陽群談』『摂津名所図会大成』『浪華の賑ひ』『浪華百事談』などに記述がある。

『大阪府全志』によれば、この秀吉木像を祀った建物は「大閣《閤》堂」と称され、文化四年（一八〇七）に重晴の子孫にあたる桑山靫負《ゆげい》・桑山左衛門両名の助成を得て再建されたという。

焼失前の珊瑚寺・豊臣秀吉木像

桑山重晴の嫡孫一晴は大和に転封となった折、桑山家発祥の地とされる尾張国海部《あま》郡から同家氏神を大和国葛下《かつげ》郡弁之庄《べんのしょう》村に勧請した。これが三歳山《さんさいやま》八幡宮すなわちこんにちの諸鍬《もろくわ》神社で、近代に至るまで幕府の旗本となった桑山家とつながりを保ち続けた。

この諸鍬神社の神主を勤めた福井良昇が明治四年三月に書き記した「大和国葛下郡弁之庄村坐　諸鍬山八幡大神社頭取調明細帳　控」(「諸鍬神社文書」)には、同神主の「兼勤所」として葛下郡王寺村片岡神社以下九社の名が列記されているが、その中に「摂州東成郡　虵坂《くちなわざか》珊瑚寺《さんごじ》境内有之正一位豊国大明神社」が挙げられている。また「諸鍬神社文書」中には享保六年(一七二一)二月二十八日付の神道裁許状が存在し、そこにも「摂津珊瑚寺内豊国大明神社」が「福井摂津守藤原春房」の兼勤所として挙げられている。したがって、『大阪府全志』は「大閣《(閤)》堂」としていたが、それは神仏分離以降の称であって、それ以前は明らかに「豊国大明神社」の神体として秀吉木像が祀られていたことが知られるのである。ちなみに『摂津名所図会大成』はその挿図に「豊公祠」と記している。

桑山重晴と秀吉木像

桑山重晴の関与した理智院と珊瑚寺の秀吉木像がともに豊国分祀の神体として祀られていたことが明らかになったわけであるが、実はこの二躰以外にいま一躰、桑山重晴ゆかりの秀吉木像が存在する。それは兵庫県尼崎市・宝樹院所蔵の一躰で、『摂陽群談』は「宝集院」として項を掲げ、「武庫郡東大島村にあり。天正年中、桑山法印再建、本尊弁財天は、羽柴秀吉公帰依仏也、豊臣公の影像・法印自像、各殿内に置り」と述べ、『摂津名所図会』も同様の記述を行なっている。

この宝樹院所蔵の秀吉木像はこんにちでも現存し、屋根の形こそ違うものの、それ以外は厨子も含めて理智院のものかと見まがうほど酷似している。厨子正面左右の扉に僧形の人物二人が描かれているのも同じで、これからしても少なくとも一人を理智院の住僧桂忍にあてる『大阪府全志』の説は難しいのではないかと思われる。

桑山重晴木像（兵庫・宝樹院蔵）

ところで、先に掲げた『摂陽群談』や『摂津名所図会』の記述にあるとおり、宝樹院には、秀吉木像とともに厨子入りの桑山重晴木像が伝来する。そして先には触れなかったが、実は理智院にも同様に厨子入りの桑山重晴木像が伝来しているのであり、その重晴木像同士も秀吉木像同様見まがうほどそっくりな像容をしているのである。

宝樹院の木像が豊国分祀で祀られていたことを示す文献史料は残念ながら見いだせていない。けれども桑山重晴が和泉・谷川、珊瑚寺境内以外の豊国分祀に関与したことを伝える史料は残されている。『紀伊続風土記』で、和歌浦天満宮の項に「或説ニ曰桑山氏の時より菅廟をかく壮麗に修造の事を始めしは豊国明神を合せ祀りしなりといふ。今其事詳ならず」と記している。豊国分祀に関する史料がきわめて少ないなかで、桑山重晴がこれだけ多くの豊国分祀と関係を持っているのは大変興味深い事実である。

豊国分祀の分布と分類

ところで豊国分祀については、はやく近藤喜博氏の網羅的研究がある（近藤喜博「豊国大明神の分祀に就いて」）。氏が史料を博捜して確認された豊国分祀は、肥後・熊本、山城・醍醐寺、摂津・大坂城、近江・長浜、尾張・津島社、安芸・厳島社、安芸・国泰寺、阿波・小松島、加賀・金沢、肥前・名護屋城、出雲・松江の十一ヶ所である。

筆者は以前この他に、筑前・神屋宗湛宅（内田九州男・北川央「福岡市豊国神社・福岡市博物館所蔵資料調査概報」）、和泉・谷川、紀伊・和歌浦天満宮、摂津・珊瑚寺（以上、北川央「江戸時代の豊国分祀」）、摂津・須磨寺、近江・佐和山城、近江・森本村（以上、北川央・跡部信「徳島県小松島市・徳島市 豊臣時代資料・史跡調査概報」）の七ヶ所について豊国分祀の存在を指摘したが、本稿で先に述べた陸奥・弘前城もこれに加えることができる。

近藤氏や筆者とは別に、田辺建治郎氏は①肥後・熊本、②加賀・金沢、③摂津・大坂城、④阿波・小松島、⑤山城・神龍院、⑥山城・新日吉社、⑦近江・長浜、⑧筑前・神屋宗湛宅、⑨備後・山手村という九つの豊国分祀の事例を挙げて、これらを、大名に依る勧請①〜④、神主・社僧に依る勧請⑤・⑥、富商や町人に依る勧請⑦〜⑨という三つに分ける分類案を示している（田辺建治郎「豊国大明神の信仰と祭祀について」）。

田辺氏は、本章で既に述べた妙法院から新日吉社境内樹下社への秀吉画像・秀頼自筆神号寄付をもって同社への豊国大明神勧請とされているのであるが、いずれにせよそれは江戸時代も寛政十年の話であり、本章で問題としている慶長期の豊国分祀ではない。また豊国本社の神宮寺解体ののち、梵舜が吉田・神龍院内に勧請した「豊国鎮守」（『舜旧記』元和五年十二月十一日条）についても同様の理由で考察の対象外とする。

とはいうものの勧請時期の定かでないものがほとんどで、なおかつ秀吉画像・木像や秀頼自筆神号の存在からはもっと多くの豊国分祀の存在が予想されるのであるが、とりあえず本章では明確に元和年間以降に勧請されたのがわかる二例を除き、近藤氏の挙げた十一ヶ所に、筆者が挙げた八ヶ所、それに田辺氏が挙げたもののうち備後・山手村を加えた二十ヶ所の豊国分祀について、筆者なりの分類案を提示してみたいと思う。

一つは大名による自領内への勧請で、加藤清正によって勧請された肥後・熊本、蜂須賀家政・至鎮父子による阿波・小松島、前田利長による加賀・金沢、堀尾吉晴による出雲・松江、桑山重晴による和泉・谷川、石田三成による近江・佐和山城、津軽為信による陸奥・弘前城などがこれに該当する。安国寺恵瓊が勧請し、福島正則がその祭祀を引き継いだ安芸・国泰寺や、博多の豪商神屋宗湛宅の場合も、当時の恵瓊や宗湛の立場からいってこれに準じて考えてよいであろう。

次は寺社境内に勧請されたケースである。山城・醍醐寺の場合、当時の義演の立場からして「大名による自領内への勧請」に準ずるケースとしてもよいかと思われるが、とりあえずこちらに分類しておく。また桑山重晴によって勧請された摂津・珊瑚寺、紀伊・和歌浦天満宮についても、「自領内」ではないということでこちらに分類しておく。あとは尾張・津島社、安芸・厳島社、摂津・須磨寺がこれに該当する。

さて第三に秀吉ゆかりの地への勧請である。秀吉が旧浅井氏領国を与えられ、城持ち大名となった近江・長浜。その秀吉長浜城主時代の領国内に位置した近江・森本村は、「舞々大夫並陰陽之大夫」の居村で、のちに秀吉から「人夫等之義令免許候」という判物（「森本区有文書」）を得るなど恩恵を被った。また備後・山手村は朝鮮出兵の折、九州に向かう秀吉が当村に立ち寄って宿陣を張り、焼餅を献じた老婆に秀吉は自ら書をしたため、扇子箱に入れて与えたという（『備陽六郡志』）。どの程度信頼できる話かわからないが、東照宮の場合でいうと、家康の陣所となった旧跡地や鷹狩りの際に休息したと伝える旧家などに勧請される例は多い（中野光浩

「武蔵・相模の東照宮」、同「東照宮信仰の地域的展開とその限界」、同「東照宮信仰の民衆受容に関する一考察」、高藤晴俊『家康公と全国の東照宮』)。朝鮮出兵の基地となった肥前・名護屋城もこれに該当しよう。あるいは先に「寺社境内への勧請」の例とした安芸・厳島社の場合も、秀吉が天正十五年の九州攻めの折、戦勝祈念のために建立を発願した大経堂(千畳閣)の傍に小祠を建立し勧請したと伝えられるから、こちらの方に入れるべきかもしれない。

最後に、嫡子秀頼によって慶長十八年に大坂城に勧請されたケースは特殊事例として、これ一つで別に分類しておきたい。

若干微妙なものはあるが、以上四種の分類が筆者の私案である。

寺社境内への豊国分祀勧請

四種のうち、「大名による自領内への勧請」「秀吉ゆかりの地への勧請」「大坂城への勧請」については、豊国社を勧請する動機が割合はっきりとしている。けれども残りの「寺社境内への勧請」についてはやや不分明である。そこで以下ではこの問題について少し考えてみたい。

筆者が「寺社境内への勧請」と分類したのは、山城・醍醐寺、摂津・珊瑚寺、紀伊・和歌浦天満宮、尾張・津島社、安芸・厳島社、摂津・須磨寺の六例である。これらのうち醍醐寺、珊瑚寺、和歌浦天満宮、厳島社についてはそれぞれわずかながら言及したので、とりあえず残りの二例、津島社と須磨寺について考えることとする。

津島社境内の豊国分祀については『張州雑志』所収「藤嶋私記」に「豊国神廟　一宇」として記載がある。それによれば豊国分祀の旧跡は津島社境内居森社の鳥居東側とのことで、由緒については旧記がないため定かでないとしながらも、ある説では「秀吉公正妃大政所〔後号湖月尼公也〕之志願也」と、秀吉没後「大政所」と称された秀吉正室お祢《ね》による勧請との伝えがあったことを記している。

続いて須磨寺について見てみると、『当山歴代』に慶長八年のこととして「同年　二王大門・鐘楼〔為寺中〕建立申候、豊国大明神津田恵閑御建立被成候也」という注目すべき記事が出てきた。須磨寺に豊国分祀を建立した「津田恵閑」とはいったい何者なのであろうか。

同じ『当山歴代』の慶長七年条に「地頭恵閑」、文禄五年閏七月十二日条に「地頭津田恵閑代官横(井脱)文甫」、天正十六年条に「当庄御地頭津田大炊頭殿、御内横井市十郎殿」と記されるので、津田恵閑と津田大炊頭は同一人物と考えてよいであろう。また同書天正十一年条には「羽柴殿御奉行、又御見地候、色々寺僧申理、如前寺領御付候、此時津田小八郎殿、当庄御取ニテ候、是モ如前寺領、無別御付候」との記述も見える。従来両者は別人とされてきたが、『当山歴代』の記述からして津田小八郎と津田大炊頭も同一人物であるとしてよいであろう。

それでは何故津田恵閑は須磨寺に豊国分祀を勧請したのであろうか。

実は先に「地頭津田恵閑代官横文《（井脱）》甫」の記述が見えるとした文禄五年（＝慶長元年）閏七月十二日は、畿内一帯を襲ったいわゆる「慶長の大地震」の当日だったのである。この大地震は当時の秀吉の居城伏見城の天守を倒し、京都・東山の大仏（方広寺）をも崩壊させてしまったが、その被害は須磨寺とて尋常なものではなかったのである。『当山歴代』の記述によれば、「夜半」に起こった「大地震」で「本堂・三重宝塔・権現」は悉く崩れ、三重宝塔の「九輪」は蓮池の中まで飛んで行ったという。この時参籠していた「八十一歳」の「不動坊源秀」は体を強打し、翌日運び出されたが、この時の怪我がもとで翌年十二月六日に死去した。またこの日須磨寺には「東国」から来た「西国順礼」者一五〇人ばかりが「通夜」をしていたが、頭や手足を強打し、そのうち二人は「微塵《みじん》」となり、残りは全員「形和《（片輪）》」になったと伝える。

『当山歴代』は、須磨寺の様子だけではなく、付近の「里方」では「牛馬人民」が多数死んだこと、港湾都市兵庫でも家が一軒残らず崩れ、そこから火災が発生して広がり、「人死ス数者不知候」と、平成七年（一九九五）一月十七日に発生した阪神・淡路大震災を彷彿とさせる凄まじい惨状を生々しく記録している。

津田恵閑は片桐且元《かつもと》とともに奉行として、この「慶長の大地震」によって倒壊した須磨寺の伽藍復興にあたっていたのであり、『当山歴代』には「従秀頼様御再興被成候」とあるので、この伽藍復興工事が豊臣秀頼の命によるものであったことが知られる。津田恵閑による同寺内への豊国分祀勧請もその一環だったのである。

豊臣秀頼による寺社復興事業と豊国分祀

豊臣秀頼による復興という点では先に見た津島社も同様であった（木村展子「豊臣秀頼の寺社造営について」）。そしてこの津島社への豊国分祀勧請についても実に注目すべき文書が「津島神社文書」中に存在するのである。それは年未詳の七月二十七日付の津島社神主・社家中・社僧中連署申状で、当時尾張・清須城主であった徳川家康の四男松平忠吉の筆頭家老小笠原和泉守吉次に宛てたものである（『津島市史』史料編二）。その内容は以下のとおりである。

津島社に対し「豊国太明神」の社を建てよとの申し入れがあり、津島社ではこれまで「新儀之宮」を建てることなどなかったのであるが、小笠原様についても同意であるとのことだったので、「神主下人とも《共》」の屋敷を毀《こぼ》ち、ご協力を申し上げた。であるから神主・社家・社僧中全体としての協力というべきであるのに「三郎太夫」が自分一人の「はからい」によるものであると言上しているのはたいへん遺憾である。熱田社に対しても同様に「磯部太夫」へ豊国社建立の申し入れが行なわれたが、神主「千秋殿」は、熱田社では従来「新儀之宮」を建てた例《ためし》などないと断り、豊国社を建立しなかった。津島社においても、熱田同様「新儀之宮」を建てることなど前例がなかったので「三郎太夫」は社中に計れば難しいと考え、相談もせず我々にひた隠しにしてことを進めたのである。屋敷を取り壊すようにと申し付けられた時点で我々は初めて事態を知り、一同たいへん驚いた。このように、「三郎太夫」は「ねき（禰宜）の法度」に背いて豊国社を建立したのであり、またそれへの協力についてもまるで自分一人でやったかのように「いつわり」を申し上げているので、ぜひ我々一同の訴えを聞き入れて欲しい。

これにより津島社境内への豊国社勧請の経過が少し具体的に知られるとともに、同じく豊臣秀頼による復興が伝えられる尾張・熱田社（藤井直正「豊臣秀頼の社寺造営とその遺構」、木村展子「豊臣秀頼の寺社造営について」）へも豊国分祀勧請の申し入れが行なわれたことがわかるのである。そして同文書には津島・熱田両社に対し豊国社勧請を申し入れた人物として「桑山法印」の名がはっきりと記されているのである。

豊国分祀の勧請と桑山重晴

自領である和泉・谷川の豊国分祀のほか、摂津・珊瑚寺、紀伊・和歌浦天満宮の豊国分祀、また宝樹院の秀吉木像に関係した桑山重晴の名がここで浮び上がってきたわけであるが、津島社境内の豊国分祀ではたして秀吉画像が祀られていたのか、木像だったのか、また桑山重晴の像も一緒に祀られていたのかどうか、そのあたりは残念ながら皆目わからない。けれども秀頼の寺社復興事業と豊国分祀勧請との間に深い関係が存することは津島社・熱田社の事例でより一層はっきりしてきたし、桑山重晴が豊国分祀勧請に重要な役割を果たしていたことも明らかとなった。

さて問題の桑山重晴であるが、彼は天正十一年の賤《しず》ヶ《が》岳《たけ》合戦で賤ヶ岳砦《とりで》を守るなど、はやくから秀吉に仕えて戦功をあらわし、大和・紀伊・和泉三ヶ国を領した秀吉の弟秀長とその養子秀保のもとで和歌山城代をつとめた。秀保の死後は自立した大名となり（播磨良紀「桑山重晴について」）、秀吉晩年には御伽衆の一人として秀吉の側近くに仕えた（甫庵《ほあん》『太閤記』）が、『寛政重修諸家譜』によれば、関ヶ原合戦を前に、慶長五年七月二十九日家康から一書を賜り、豊臣家五奉行の一人である大和郡山城主増田《ました》長盛《ながもり》の所領と大和国内の代官所全てを宛行《あてが》う、また忠節に応じて加増も行なうとの条件で味方につくことを要請され、同年九月の合戦の際には家康の命により、豊臣方についた新宮城主堀内氏善の押さえとして居城である和歌山城を守ったと記される。同書は、その後同年に致仕し、慶長十一年十月朔日八十三歳で亡くなったと記すのみで、関ヶ原合戦後の重晴の動向については何ら詳かにし得ない。けれども『お湯殿の上の日記』には、死去までの間頻繁にその名が記され、朝廷にさまざまな進物をしていたことなどが知られる。

また、大坂冬の陣が起こる慶長十九年まで毎年京都の朝廷から大坂の秀頼に勅使が派遣され、親王・公家・門跡衆も大坂へ下り秀頼に年賀の祝詞を申し述べたのであるが、慶長八年の折の様子を記した『時慶卿記《ときよしきょうき》』同年二月二十日条には「於大坂、桑山法印へ近衛殿御茶申入、御供申」とあるなど、桑山重晴が関ヶ原合戦ののちも大坂城内にて秀頼に祗候《しこう》していたことが知られるのである。慶長十一年十月一日の死去までの間、重晴は秀頼のもとで、片桐且元・貞隆兄弟や慶長九年に没した小出秀政らとともに重責を果していたのであろう。

秀頼の寺社復興事業と秀吉画像

ところで秀頼によって復興された寺社は、東は信濃国善光寺から西は出雲大社にいたるまで史料的に確認されるものだけでも一〇〇近くにのぼる（木村展子「豊臣秀頼の寺社造営について」）。

先に記した須磨寺や津島社・熱田社だけでなく、醍醐寺もその一つであり、寺社境内への豊国分祀勧請と秀頼の寺社復興事業との間には深い関係のあることがわかってきたわけであるが、史料的に豊国分祀の存在を明確にできないものの、秀吉画像や秀吉木像が遺る寺社にも秀頼による復興と伝えられるところが少なくない。

京都の誓願寺や等持院・真正極楽寺《しんしょうごくらくじ》・金戒光明寺《こんかいこうみょうじ》、河内の叡福寺《えいふくじ》（以上画像）、同じく河内の観心寺、山城の石清水八幡宮（常徳寺・神応寺、以上木像）などである。慶長十一年に秀頼が修理を施した高台寺は北政所造営の寺院であるので別格として措《お》くとしても、持明院本が元来伝わった高野山・小坂坊は秀頼の母淀殿の実家浅井家の菩提寺であり（『高野山通念集』）、年月日未詳ながら、同坊宛の判物のなかで、片桐且元はその堂舎の建立に対し米五百石を遣わし、作事のことは「御上様へも、其趣可申上候」と記している（『高野山文書』）。ここでいう「御上様」は淀殿のことであるが、当然、小坂坊の復興に秀頼がかかわった可能性は高いと考えられる。

また禅林寺本が伝わった禅林寺についても、これまでは秀頼復興寺社として取り上げてこられなかったが、同寺所蔵の当麻曼荼羅裏書に興味深い事実が記されている。

それによれば、同寺の当麻曼荼羅は元来、肥後国飽田郡の玄通山満善寺の什物だったが、慶

豊臣秀吉画像（京都・禅林寺蔵）

長二年三月中旬に「霊夢之告」があったため「観智坊」という僧侶がこれを携えて摂津・四天王寺にやって来た。そもそも当麻曼荼羅とは当麻寺に入寺した中将姫が天女の助けを借りて蓮糸で織り出したといわれる阿弥陀浄土図の一種であるが、この曼荼羅こそかつて当麻寺にあった二幅のうちの一幅であるとの来由を聞いた「尾州津嶋河村久目斎入道宗悦」はたいへん感激し、これをもらい受けて早速四天王寺境内に「小堂」を建て安置した。時に慶長二年五月十七日であったが、四天王寺再興に乗り出した豊臣秀頼が、久目斎の建てた「曼陀羅堂」の地はかつて聖徳太子時代の食堂の跡地にあたりたいへん恐れ多いので、良き「霊地」を選んで移し建てよと久目斎に命じた。久目斎はいろいろと思案をめぐらしたが、そうこうしているうちに「洛東聖衆来迎山」すなわち禅林寺が当麻曼荼羅とは少なからず因縁のある寺院だとの由が秀頼の耳に達したため、本堂が再興され、中央に「御顧本尊」（みかえり阿弥陀）を安置し、右壇にこの当麻曼荼羅、左壇に「豊国神像」を掛けたというのである。慶長十二年六月二十三日のことで、「願主」は「河村久目夫婦」、「修補作者」は「南都慶円法眼」であると記されている（渡邊明義「禅林寺蔵当麻曼荼羅の軸木銘について」）。

この曼荼羅がかつて当麻寺に存した「新古両曼陀羅」のうちの「新曼荼羅」であるとするのはあくまでも伝承の域を出ないものであるが（渡邊明義「禅林寺蔵当麻曼荼羅の軸木銘について」）、

「河村久目斎入道宗悦」がこの曼荼羅に関与したことは、同曼荼羅軸木銘に

今度
奉修補浄土曼陀羅一幅（願主尾□国□□郡津嶋住人河村久目入道宗悦□為二親同願主宗悦夫婦菩提也）
慶長十一（丙午）暦従六月十九日八月十五日成就畢
表補絵作者南都法眼慶円也

との墨書があったことから立証されたのである（渡邊明義「禅林寺蔵当麻曼荼羅の軸木銘について」）。

河村久目斎は、秀吉の馬廻《うままわり》をつとめた家臣であったが、先の裏書に「曼陀羅堂」を「宜択霊地而遷造之」と秀頼から「厳命」を「承」ったと記されるので、当時久目斎は秀頼の家臣となっており、禅林寺本堂再興工事を担当したと判断してよいであろう。この推定は、慶長十年から十一年にかけて行なわれた河内の天野山金剛寺における秀頼の復興事業において、「川村入道久目」が「惣奉行」「片桐東市正且元」のもと、「吉田次左衛門尉保好」「森嶋入道長以」とともに「奉行」を務めていることからも裏付けられる（「金剛寺結縁過去帳」）。禅林寺本も以上

豊臣秀吉画像（滋賀・多賀大社蔵）

のような秀頼による禅林寺本堂再興との関係で作成されたもので、当然禅林寺本にも河村久目斎の関与が想定される。また禅林寺の場合、秀吉画像を祀る小祠は建立されず、同寺本堂内に掛けられているが、その意味するところはやはり「豊国大明神」の勧請であろう。

軸木銘ということでは多賀大社本にも興味深い墨書がある。多賀大社もこれまでは秀頼復興寺社として数えられていないが、『多賀観音院古記録』に「慶長十一年丙午六月朔日、豊臣秀頼公本堂并坊舎建立住持勝応六月朔日ハ上棟ノ日也」と記されるので加えられるべきであろう。そして『多賀観音院古記録』は先の記述に続いて「此時太閤ノ御画像壹幅御寄附。狩野永徳筆也。朝鮮国伝来瓢簞ノ水入太閤御所持其外御寄附有之事」と記しているのである。天正十八年に亡くなった狩野永徳の筆とする点、永徳が生前に秀吉の寿像あるいは「紙形」を描き遺し、多賀大社本はそれを基にして作られたと解釈できなくもないが、問題を残す。ただ秀頼による再興とともに秀頼から秀吉画像が寄付されたという点については、多賀大社本の軸木銘に

此表具御城宮内卿御誂被成候間請取候而仕立候
于時慶長拾暦乙巳二月三日堺南中町表補屋奈良屋慶観（花押）

との墨書があったことで確実となった。すなわち多賀大社本は、「御城宮内卿」より礼銭を受け取った「堺南中町」の「表補屋」「奈良屋慶観」によって慶長十年二月三日に軸装に仕立て上げられたのである。「御城宮内卿」とは、大坂城に勤仕した「宮内卿、木村長門守母、秀頼御乳母、」（『駿府記』慶長二十年五月八日条）と考えられるから、秀頼の命で秀吉画像が軸装され多賀大社に奉納されたのであろう。

この多賀大社の事例によって、秀頼の寺社復興事業にともなって「豊国大明神」の勧請がなされる場合、その勧請が豊臣家側からの要請であるだけでなく、秀吉画像もまた豊臣家の側で製作され寺社にもたらされるという注目すべき事実が明らかとなったのである。

むすびにかえて

豊臣秀吉画像を出発点に、豊臣秀頼自筆神号「豊国大明神」・豊臣秀吉木像を加えて、慶長年間各地に多数勧請された豊国分祀との関係を考えてみた。その結果、秀吉画像・木像・秀頼自筆神号はいずれも豊国分祀で祀られていたことを確認できた。

そして豊国分祀の性格を、①大名による自領内への勧請、②寺社境内への勧請、③秀吉ゆかりの地への勧請、④秀頼による大坂城への勧請という四種に分類し、特に②のケースについて詳しい考察を試みたところ、豊国分祀の勧請された寺社が豊臣秀頼による復興寺社と一致し、豊国分祀の勧請要請が豊臣家の側から各寺社に対し行なわれていることがわかった。そして、豊臣家の側で秀吉画像を製作し寺社に奉納していることも明らかとなったのである。そういう意味では、いくつかの秀吉木像について語られた、豊臣家から拝領との伝承も検討してみる価値があるのではないだろうか。

また寺社境内における豊国分祀の成立にあたっては、須磨寺に豊国分祀を勧請した津田恵閑、津島社や熱田社に豊国分祀勧請を要請した桑山重晴のように、秀頼と寺社との間に立つ仲介者がいた。禅林寺の場合の河村久目斎もそうした一人であったと思われ、津田恵閑や河村久目斎が須磨寺・禅林寺の復興事業を担当した奉行であったことよりすると、仲介者の多くはそうした奉行だったのではないかと推測される。木像の場合でいうと桑山重晴が関係した和泉・谷川の豊国分祀と宝樹院のものは見まがうほど酷似しており、同じく桑山重晴関与の珊瑚寺の木像も同種のものであった。こうした木像の例からすると、秀吉画像の各種系統と仲介者との間に何らかの相関関係が見いだせるのではないかと思っている。各種秀吉画像には製作にあたった絵師として狩野光信や狩野山楽・長谷川等伯といった名前が伝えられているが、そうした絵師との関係も含めて今後の課題としたい。

なお最後に一言、秀頼による寺社復興事業に関して述べておきたい。これについて、従来は単に、秀吉の遺した莫大な金銀財宝を浪費させようとする家康の政略に浅はかな淀殿と秀頼がまんまと乗せられた結果と説明されてきたが、秀頼側豊臣政権の施策としてより積極的な評価を与えていくべきではないかと思っている。秀頼による寺社復興が豊臣政権のイデオロギー装置たる「豊国大明神」の勧請をともなっていたことは、重要な意味を持っていたと考えられるからである。近年、関ヶ原合戦後の徳川幕府と秀頼の豊臣政権との関係を見直そうという研究動向（笠谷和比古「徳川家康の征夷大将軍任官と慶長期の国制」、同「関ヶ原合戦の政治史的意義」、同『関ヶ原合戦』）があるが、筆者もそれらの研究内容に共感を覚える一人である。

（補注1）近年新たに慶長十一年中秋後一日付の古《こ》澗慈《かんじ》稽《けい》の賛を有する個人本が確認された（大阪城天守閣『テーマ展　武将たちの風貌』、二〇一二年）。秀吉に仕えた長谷川守尚が造進したものである。

（補注2）その後、京都市左京区の西方寺で、「慶長四年六月廿八日」の銘を持つ、冠の着脱可能な秀吉木像が発見された（楽浪文化財修理所『文化財修理報告』ｖｏｌ・一〇、二〇一一年）。

〈参考文献〉

相澤正彦「旧牟田口家本豊国明神像を巡って」(『古美術』六三、一九八二年)
井上安代編著『豊臣秀頼』(自家版、一九九二年)
井上安代「豊臣秀頼年譜補遺」(自家版、一九九四年)
魚澄惣五郎「豊国社破却の顚末」(同著『古社寺の研究』所収、星野書店、一九三一年)
魚澄惣五郎「江戸時代における洛東豊国廟」(同著『京都史話』所収、西田書店、一九三六年)
内田九州男・北川央「熊本県芦北郡芦北町・宇土市・熊本市　豊臣時代資料・史跡調査概報」(『大阪城天守閣紀要』二〇、一九九二年)
内田九州男・北川央「福岡市豊国神社・福岡市博物館所蔵資料調査概報」(『大阪城天守閣紀要』二一、一九九三年)
大阪市『豊公特別展観図録』(一九三二年)
大阪城天守閣『特別展　秀吉の書と肖像』(一九八七年)
大阪城天守閣『天守閣復興六十周年記念特別展　豊臣秀吉展』(一九九一年)
大阪城天守閣『生誕400年記念特別展　豊臣秀頼展』(一九九三年)
大阪城天守閣『特別展　戦国の五十人』(一九九四年)
大阪城天守閣『平成の大改修竣工・秀吉四百回忌記念　特別展　豊臣家の名宝』(一九九七年)
大阪市立美術館『日本・中国・朝鮮に見る　16世紀の美術』(一九八八年)
笠谷和比古著『関ヶ原合戦　家康の戦略と幕藩体制』(講談社、一九九四年)
笠谷和比古「徳川家康の征夷大将軍任官と慶長期の国制」(『日本研究—国際日本文化研究センター紀要』七、

一九九二年。のち同著『近世武家社会の政治構造』に再録、吉川弘文館、一九九三年）
笠谷和比古「関ヶ原合戦の政治史的意義」（宮川秀一編『日本史における国家と社会』所収、思文閣出版、一九九二年。のち同著『近世武家社会の政治構造』に再録、吉川弘文館、一九九三年）
河内将芳「京都東山大仏千僧会について—中近世移行期における権力と宗教—」（『日本史研究』四二五、一九九八年。のち同著『中世京都の都市と宗教』に再録、思文閣出版、二〇〇六年）
川勝政太郎「秀頼の社寺建築再興」（『史迹と美術』七—一一、一九三六年）
北川央「神に祀られた秀吉と家康—豊国社・東照宮—」（佐久間貴士編『よみがえる中世　二　本願寺から天下一へ　大坂』所収、平凡社、一九八九年）
北川央「〝脳の神さん〟豊臣秀吉—肥後豊国社をめぐって—」（『観光の大阪』四七三、一九九〇年）
北川央「熊本市・熊本県芦北郡芦北町　豊臣時代史跡調査概報」（『大阪城天守閣紀要』一九、一九九一年）
北川央「江戸時代の豊国分祀」（『ヒストリア』一四二、一九九四年。本書第六章に再録）
北川央「織豊期の岬町」（『岬町の歴史』所収、岬町、一九九五年。のち同著『大坂城と大坂・摂河泉地域の歴史』に再録、新風書房、二〇二二年）
北川央「神影　秀吉の神影に隠された謎」（『歴史群像』二四、一九九六年）
北川央・跡部信「徳島県小松島市・徳島市　豊臣時代資料・史跡調査概報」（『大阪城天守閣紀要』二四、一九九六年）
北川央・跡部信「山口県下関市・山口市・防府市　豊臣時代資料・史跡調査概報」（『大阪城天守閣紀要』二五、一九九七年）
木村展子「豊臣秀頼の寺社造営について」（『日本建築学会計画系論文集』四九九、一九九七年）

「京都・永観堂禅林寺の名宝」展図録作成委員会『京都・永観堂禅林寺の名宝』（一九九六年）
京都国立博物館『開館１００周年記念　特別展覧会　黄金のとき　ゆめの時代　桃山　絵画讃歌』（一九九七年）
京都市歴史資料館『京都市の文化財　新指定・登録の美術工芸品』（一九九五年）
桑田忠親著『大名と御伽衆』青磁社、一九四二年）
近藤喜博「豊国大明神の分祀に就いて」（植木博士還暦記念祝賀会編『国史学論集』所収、植木博士還暦記念祝賀会、一九三八年）
滋賀県立琵琶湖文化館『多賀信仰とその周辺』（一九九〇年）
渋谷敏実「〈資料〉加藤忠広配流一件覚書」（『熊本史学』三二、一九六七年）
市立長浜城歴史博物館『長浜八幡宮所蔵品展覧』（一九九一年）
高橋修「紀州東照宮の創建と和歌浦」（和歌山県立博物館『紀州東照宮の歴史』所載、一九九〇年）
高藤晴俊著『家康公と全国の東照宮　泰平と激動の時代を結ぶ東照宮めぐり』（東京美術、一九九二年）
田辺建治郎「神龍院梵舜考―神仏兼帯の活動と豊国社創建―」（『神道研究集録』一一、一九九二年）
田辺建治郎「豊国大明神の信仰と祭祀について」（『国学院大学大学院紀要―文学研究科―』二四、一九九三年）
谷信一「豊太閤画像」（同著『室町時代美術史論』所収、東京堂、一九四二年）
津観音大宝院の名宝展実行委員会『津観音大宝院の名宝』（一九九三年）
津田三郎著『秀吉の悲劇　抹殺された豊臣家の栄華』（ＰＨＰ文庫、一九八九年）
津田三郎著『秀吉・英雄伝説の軌跡　知られざる裏面史』（六興出版、一九九一年）

津田三郎著『秀吉・英雄伝説の謎―日吉丸から豊太閤へ―』（中公文庫、一九九七年）
津田三郎「小松島の豊国神社と秀吉の木像」（『季刊　とよくに』一、一九九四年）
中野光浩「武蔵・相模の東照宮―民間で祀る事例を中心に―」（『郷土神奈川』一八、一九八六年）
中野光浩「東照宮信仰の地域的展開とその限界―相模国足柄下郡今井村の陣場跡東照宮を事例として―」（『駒沢史学』四三、一九九一年。のち同著『諸国東照宮の史的研究』に再録、名著刊行会、二〇〇八年）
中野光浩「東照宮信仰の民衆受容に関する一考察」（『地方史研究』二三七、一九九二年。のち同著『諸国東照宮の史的研究』に再録、名著刊行会、二〇〇八年）
名古屋市秀吉清正記念館『特別陳列　秀吉の面影』（一九九三年）
名古屋市役所『郷土を中心としたる海外発展資料展図録』（一九四三年）
西山克「王権と善光寺如来堂」（『古代・中世の信濃社会　塚本学先生退官記念論文集』所収、銀河書房、一九九二年）
西山克「豊臣『始祖』神話の風景」（『思想』八二九、一九九三年）
播磨良紀「桑山重晴について」（『和歌山市史研究』一二、一九八四年）
播磨良紀「再び桑山重晴について」（『和歌山市史研究』一五、一九八七年）
彦根城博物館『お多賀さまへは月まいり』（一九九四年）
藤井直正「豊臣秀頼の社寺造営とその遺構」（『大手前女子大学論集』一七、一九八三年）
藤岡道也「豊林・豊国の文献資料」（『郷土研究発表会紀要一四　総合学術調査報告　小松島』、一九六九年）
藤目正雄・藤岡道也他「豊林・豊国の旧址について」（『郷土研究発表会紀要一四　総合学術調査報告　小松島』、一九六九年）

藤島益雄著『新日吉神宮と豊国社頽廃後その神躰の行方と樹下社の創建』（新日吉神宮、一九七〇年）
三鬼清一郎「豊国社造営に関する一考察」（『名古屋大学文学部研究論集』史学三三、一九八七年。のち同著『織豊期の国家と秩序』に再録、青史出版、二〇一二年）
三鬼清一郎「方広寺大仏殿の造営に関する一考察」（永原慶二・稲垣泰彦・山口啓二編『中世・近世の国家と社会』所収、東京大学出版会、一九八六年。のち同著『織豊期の国家と秩序』に再録、青史出版、二〇一二年）
宮崎道生「〈口絵解説〉『館神』伝豊臣秀吉木像」（『日本歴史』二二五、一九六七年）
李正夫「片桐且元と慶長の修理」（『月刊　文化財』一五一、一九七六年）
渡邊明義「禅林寺蔵当麻曼荼羅の軸木銘について」（『仏教芸術』一二二、一九七九年）

COLUMN 1

秀吉の顔

天下統一を成し遂げ、身は従一位関白・太政大臣となり、位人臣《くらいじんしん》を極めた豊臣秀吉。彼は慶長三年（一五九八）八月十八日、伏見城で六十二年にわたる波瀾万丈の生涯を終えた。今から四〇〇年以上も前のことである。したがって、私はもちろん、現代に生きる者は誰一人として秀吉に会ったことはない。しかし、我々は面識のない秀吉の顔を知っている。いや、知っていると思っている。それはなぜか。歴史の教科書をはじめ、歴史雑誌、テレビ番組などで繰り返し「あの顔」が使われるからである。

「あの顔」とは、京都・高台寺所蔵の豊臣秀吉画像や宇和島伊達文化保存会所蔵の豊臣秀吉画像などに描かれた「あの顔」である。

秀吉は亡くなる際、死後、自らを神に祀って欲しいと遺言した。その希望が叶えられ、秀吉が亡くなった翌年の慶長四年四月十七日に朝廷から「豊国大明神《とよくにだいみょうじん》」の神号宣下《せんげ》があり、秀吉は神になった。少し厳密に言うと、秀吉は「新八幡」という神号を希望したのであるが、これについては勅許を得られず、結果、秀吉は「豊国大明神」という神になった。一般に「豊臣秀吉画像」と呼ばれる絵画は、実は俗人武将の豊臣秀吉を描いたものではなく、「豊国大明神」という神様を描いた神影《しんえい》である。だから、秀吉はそれまでの武将像とは違い、神殿の中に座した姿で描かれる。そして、「豊国大明神」を祀る神社は京都・東山の阿弥陀ヶ峰《あみだがみね》麓に営まれた豊国社の本社だけでなく、各地の大名領内や豊臣秀頼が復興した寺社境内などに数多く分祀されたので、「豊国大明神」の神影は量産された。高台寺や宇和島伊達文化保存会の豊臣秀吉画像も、そうした一例に過ぎない。「豊国大明神」神影の製作は、関ヶ原合戦後も、大坂夏の陣で豊臣家が滅亡するまで続いた。この間に製作された

豊臣秀吉画像（京都・高台寺蔵）

神影は相当数に上ったが、それらはⒶ高台寺本や宇和島伊達文化保存会本の系統、Ⓑサンフランシスコ・アジアミュージアム本や京都・禅林寺（永観堂）本の系統、Ⓒ畠山記念館本や京都・等持院本の系統、Ⓓ大阪・豊国神社本や大阪城天守閣本の系統というように、いくつかの系統に分類できる。いずれも秀吉没後間もない時期に描かれたもので、秀吉をよく知る大名や公家・近臣らによって造進されたものであるから、それなりに秀吉に似ているはずであるが、系統ごとに秀吉の顔はまったく異なる。私は、高台寺本や宇和島伊達文化保存会本も慶長期（一五九六～一六一五）に描かれた「豊国大明神」神影の一系統に過ぎないことを知ってもらおうと、テレビ局や出版社の担当者に「こんな顔もあるよ」と、積極的に他の系統の作品を紹介するのであるが、彼らからはいつも決まったように「似てない」の一言が返って来る。秀吉に会ったことがないにもかかわらず、である。かくして、「あの顔」は今日も拡大再生産を続ける。しかし、江戸時代の人々は「あの顔」の秀吉を知らなかった。

徳川幕府によって、「豊国大明神」の神号が剥奪され、秀吉が「国泰院殿俊山雲龍大居士《こくたいいんでんしゅんざんうんりゅうだいこじ》」という法号で仏式により祀られるようになると、「豊国大明神」の神影である画像は表に出なくなる。「あの顔」が秀吉の正しい肖像画として広く世間に普

『絵本太閤記』(大阪城天守閣蔵)
挿絵「官位昇進」より
豊臣秀吉部分

及するのは明治維新以降のことである。その結果、近代以降の画家たちは「あの顔」の制約を受ける形で秀吉を描くことになった。けれども、江戸時代の絵師・浮世絵師たちは、何の制約もなく、自由奔放に秀吉の風貌を描いている。とりわけ江戸時代の庶民の間にもっとも浸透した秀吉の姿は、太閤人気に火を付けた『絵本太閤記』の挿絵に描かれたそれである。『絵本太閤記』に慣れ親しんだ彼らに高台寺本の画像を見せると、ほとんどの人が秀吉に「似てない」と回答したに違いない。

〈参考文献〉

大阪城天守閣『テーマ展　秀吉の貌―変遷するイメージ―』(二〇〇五年)
北川央「神影　秀吉の神影に隠された謎」(『歴史群像』二四、一九九六年)
北川央「豊臣秀吉像と豊国社」(黒田日出男編『肖像画を読む』所収、角川書店、一九九八年。本書第二章に再録)
北川央「神影『豊国大明神』としての秀吉像」(『歴史群像シリーズ【戦国】セレクション　驀進豊臣秀吉』、学習研究社、二〇〇二年)
北川央「〈風の響き〉『あの顔』」(『毎日新聞』二〇〇五年四月十五日付夕刊)

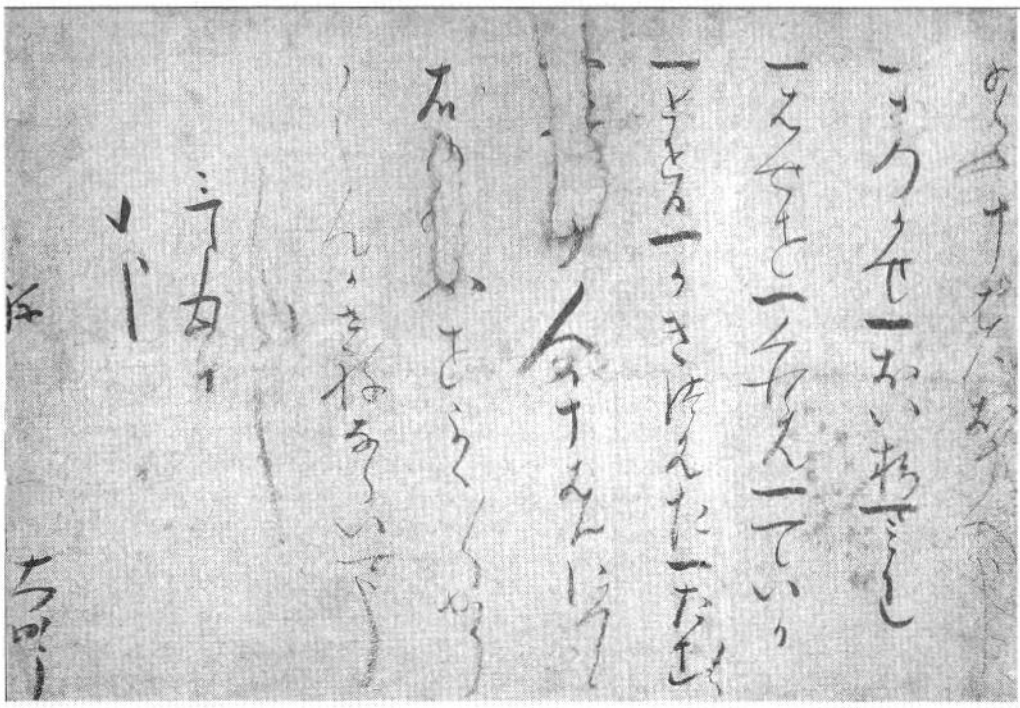

豊臣秀吉自筆書状　（文禄２年）３月
５日付祢宛（大阪城天守閣蔵）

秀吉の演能と
大坂城本丸の能舞台

大阪城天守閣の所蔵品の中に、国の重要美術品になっている豊臣秀吉自筆の手紙がある。第一次朝鮮出兵（文禄の役）の最中、文禄二年（一五九三）三月五日付で、肥前名護屋城の秀吉が大坂城にいた正室お祢に宛てたもので、『松風《まつかぜ》』『老松《おいまつ》』『三輪《みわ》』『芭《ば》蕉《しょう》』『呉服《くれは》』『定家《ていか》』『融《とおる》』『杜若《かきつばた》』『田村《たむら》』『江口《えぐち》』の能十番を覚えたことを自慢気に語り、さらに稽古を重ねるつもりだと伝えている。

小瀬甫庵《おぜほあん》が著した『太閤記』（寛永二年自序）によると、文禄二年正月、能役者の暮《くれ》松《まつ》新九郎が秀吉に年頭の挨拶を述べるべく肥前名護屋城に下向したが、秀吉はこの暮松新九郎に師事して能を習い始め、最初の内は御伽衆《おとぎしゅう》だけを召し連れて城内の山里丸で稽古していたものの、見る見るうちに上達し、わずか五十日間で十五、六番もの能を覚えてしまったという。

秀吉が『松風』『老松』などの能十番をたちまち覚えたことは秀吉家臣の安威《あい》摂津守の同年三月十七日付の手紙にも記され、そこには秀吉の身のこなしようは「三国無双」で、その「見事さ」は「筆にも尽くし難く候」と最大級の賛辞が記されている。

秀吉はこののち文禄二年十月、文禄三年四月、文禄五年（＝慶長元年）五月の三度にわたって「禁中能」を催し、御所において秀吉自ら能を演じたが、初回を鑑賞した近衛信尹《このえのぶただ》は秀吉の『弓八幡《ゆみやわた》』について「大（太）閤御能、神変奇特也」、『定家』に関しても「御能、感涙を催すばかり也」と絶賛しているので（『禁中猿楽御覧記』）、能役者としての秀吉の力量はそれなりのものであったらしい。

その後、秀吉の能に対する情熱はさらなる高まりを見せ、秀吉自身を主役とする新作能の創作へと展開する。

秀吉は、大きな合戦や政治的に重要な事件があると、右筆《ゆうひつ》で御伽衆の大村由己《おおむらゆうこ》に命じて自らの事績を物語としてまとめさせ、自身の正当化に努めた。『播磨別所記』『西国征伐記』『惟任謀反記《これとうむほんき》』『柴田合戦記』『紀州御発向記』『関白任官記』『四国御発向 并《ならびに》 北国御動座記』『九州御動座記』『聚楽行幸記』『大政所御煩《おわずらい》御平癒記《ごへいゆき》』『金《かね》賦《くばり》之《の》記《き》』『若公《わかぎみ》御誕生記』『小田原御陣』がそれで、いずれも天正年間の出来事を扱い、事件後まもなくまとめられているので、「天正記」と総称される。

秀吉はこれら「天正記」の作者である大村由己に命じて、自らの事績を能に作らせ、主人公の秀吉役を自ら演じたのである。

由己の作った新作能は「太閤能」とか「豊公能」と総称されるが、その一つ『高野参詣』については東京の尊経閣文庫に巻子本のテキストが残っており、文禄三年三月五日付の奥書に「高野参詣の能は、新作十番の内、その一なり」と記されているので、「太閤能」は全部で十曲あったらしい。

それらの内、こんにちテキストが伝わっているのは先の『高野参詣』のほか、『吉野詣』『明智討』『柴田』『北条』の四曲で、『明智討』『柴田』『北条』は、「天正記」の『惟任謀反記』『柴田合戦記』『小田原御陣』を戯曲化したものに他ならない。『吉野詣』『高野参詣』は、いずれも文禄三年二月から三月にかけての吉野・高野参詣に向けて創作されたもので、秀吉は吉野山・高野山でこれらを演じている。

この吉野・高野参詣に先立ち、秀吉は文禄三年二月七日と九日に、甥で関白の豊臣秀次を京都・聚楽第から招いて、大坂城本丸において能を演じている。

秀次の右筆を務めた駒井重勝の日記には

「大坂城御本丸御舞台において」、『吉野詣』『田村』『関寺小町《せきでらこまち》』『源氏《げんじ》供養《くよう》』『老松』の五番を「大閤《(太)》様」が自ら演じ、「関白様」が「御見物」されたと記されている（『駒井日記』文禄三年二月九日条）。

これにより、当時大坂城の本丸に能舞台のあったことが知られるが、この大坂城本丸の能舞台に関しては、フランス人イエズス会士のジャン・クラッセが著した『日本西教史』（一六八九年編纂）に詳細な描写がある。

大坂城本丸の能舞台（手前）と千畳敷御殿（豊臣大坂城本丸復原模型より、大阪城天守閣蔵）

それによると、能舞台は「長さ六丈（約一八メートル）、幅二丈五尺（約七・五メートル）」で、屋根には金箔瓦が葺かれ、最上級の漆が塗られた欄干には精緻な彫刻も施されるなど、雄大で華麗なものであったらしい。そして、「本丸」の能舞台とはいうものの、実際には本丸の千畳敷御殿とは内堀（空堀）を隔てて建てられており、千畳敷御殿から内堀対岸の舞台で演じられる能を鑑賞できるようになっていて、千畳敷御殿と能舞台の間を行き来できるように、橋が架けられていたことも知られる。

この能舞台は、千畳敷御殿、内堀に架けられた橋とともに、大阪城天守閣三階に設置している豊臣秀吉築造大坂城本丸復原模型で再現しているので、ぜひご覧いただきたいと思う。

〈参考文献〉

天野文雄著『能に憑かれた権力者』（講談社、一九九七年）
北川央「大阪城・秀吉と歌舞伎・中村座」（『大阪平成中村座　平成二十二年十月大歌舞伎』プログラム、松竹・関西テレビ放送、二〇一〇年）
桑田忠親著『豊臣秀吉研究』（角川書店、一九七五年）
桑田忠親著『太閤の手紙』（文春文庫、一九八三年）
桑田忠親著『豊臣秀吉』（角川文庫、一九八四年）
櫻井成廣著『豊臣秀吉の居城　大阪城編』（日本城郭資料館出版会、一九七〇年）
増田正造「能」（杉山博・渡辺武・二木謙一・小和田哲男編『豊臣秀吉事典』所収、新人物往来社、一九九〇年）

第三章　秀吉没後の豊臣家と大坂の陣

慶長三年（一五九八）八月十八日、戦国の世に終止符を打ち、天下統一を成し遂げた豊臣秀吉が、伏見城内で六十二年にわたる波瀾万丈の生涯を終えた。

このとき後継者の秀頼はわずか六歳。秀吉は、自らの死後に内乱が起こることを予測し、最愛の我が子の安全を図るため、伏見城よりはるかに防御力に優れた大坂城に秀頼を移すよう遺言した。そして、天下の政治は五大老筆頭の徳川家康に委ねられ、家康が伏見城で政治を行なうことになったが、その際秀吉は、秀頼が「統治の任に堪える年齢に達したならば、かならずやその政権を息子（秀頼）に返してくれ」との条件を付けている（フランシスコ・パシオ「一五九八年度日本年報」）。

それから二年。秀吉の予感は的中し、慶長五年九月十五日に関ヶ原合戦が起こり、徳川家康率いる東軍が石田三成らの西軍相手に圧勝した。

家康は、大坂城で秀頼に戦勝報告を行ない、しばらくは西の丸に留まって戦後処理に携わったが、慶長六年三月二十三日に伏見城に移り、再び伏見城で政治を行なうこととなった。そして、慶長八年二月十二日に征夷大将軍に任官して幕府を開き、二年後の慶長十年四月十六日には、家康の嫡子秀忠が二代将軍となった。

家康の将軍任官以降も大坂城には豊臣秀頼が健在であったが、一般には、徳川幕府のもと、豊臣秀頼は摂津・河内・和泉三ヶ国を領する六十数万石の一大名に転落した、と理解されている。たしかに、徳川政権下の改易大名を年次ごとに書き上げた『廃絶録』の元和元年（＝慶長二十年〈一六一五〉）の項には「六十五万七千四百石　摂州大坂城　摂津・河内・和泉　豊臣右大臣秀頼公　五月八日、大坂城に於て二十三歳にて自害」とあり、『徳川除封録』にも同様の記述がある。けれども、ともにはるか後世の編纂史料に過ぎず、同時代の史料からはまったく異なる秀頼の実像が浮かびあがってくる。

慶長九年の正月は、家康が将軍に就任して初めての正月であったが、京都の朝廷からは勅使以下親王・公家・諸門跡が大坂城に下向し、豊臣秀頼に年賀の礼を述べた。天皇に近侍する女官たちが書き継いだ『お湯殿の上の日記』の慶長九年正月二十七日条には「ひてより《（秀頼）》へしよれい《（諸礼）》とて、おとこ《（男）》たちのこ《（残）》らす、大さか《（坂）》へ御くたり《（下）》有、此御所よりも、御たち《（太刀）》馬代しろかね《（白銀）》廿まい《（枚）》、宮の御方よりも、御たち馬代しろかね十枚まいらせらるゝ、てんそう《（伝奏）》御つかい也」と記

大坂夏の陣図屏風（大阪城天守閣蔵）より大坂城部分

される。大坂に下った公卿の一人西洞院時慶は、日記にその折の様子を具体的に記すが、そこには「秀頼御礼様子例年の如し」とある（『時慶卿記』同年正月二十八日条）。正月の大坂下向は、徳川幕府が成立しても何ら変わることなく、例年のとおり、ごく普通に行なわれたことがわかる。

そして、この大坂下向は大坂冬の陣が勃発する慶長十九年正月まで続けられた。小槻孝亮は日記の慶長十九年正月二十二日条に「大坂秀頼公亭、明廿三日、諸家御礼也。今日より摂関以下公家衆等、大坂へ御下向也」と記し（『孝亮宿禰日次記』）、

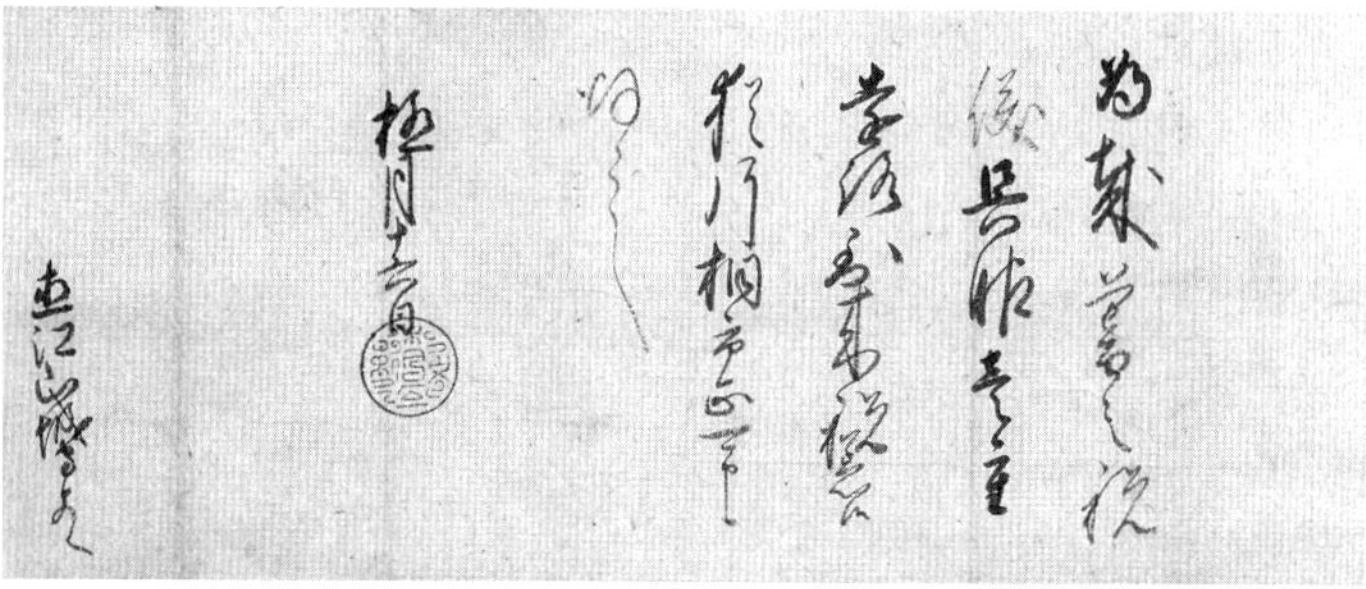

豊臣秀頼黒印状　極月16日付　直江山城守宛（大阪城天守閣蔵）

山科言緒は「公家衆、各例年の如く、秀頼公へ御礼あり」（『言緒卿記』慶長十九年正月二十三日条）と書いている。秀頼が一大名であったならば、勅使以下、親王・公家・諸門跡が、毎年、年賀の礼を述べにやってきたであろうか。

また、年賀や歳暮、端午・八朔・重陽といった節句には、諸大名から数々の祝儀が大坂城に届けられた。毛利輝元・上杉景勝といった関ヶ原合戦の敗将だけでなく、伊達政宗をはじめとする東軍諸将からも祝儀は届いた。それらに対し、秀頼はごく簡単な礼状を送った。こんにち遺される秀頼発給文書のほとんどがそうした礼状で、書札礼という観点からも、秀頼が彼ら諸大名の上位に位置したことが確認される。

秀頼はまた、各地の寺社を復興した。確認できるものだけでも、寺社の数で一〇〇ヶ所を越え、堂塔社殿の数になると、それをはるかに凌ぐ厖大《ぼうだい》なものになる。その範囲も、東は信濃の善光寺から西は出雲大社にまで及び、秀頼領とされる摂津・河内・和泉を大きく上回る。そもそもこうした国家の安穏を祈願する寺社の保護は天下人に課せられた責務であるが、それを秀頼が行なっている点が注目される。

『当代記』は、徳川幕府中枢にかかわる人物がまとめた史料であるが、そこには「此二三年、国々伽藍秀頼公より建立し玉ふ事甚だしき也。定て心中に立願の儀有るか」（慶長九年五月二日条）とあり、幕府が秀頼の寺社復興事業を疑いの目で見ていたことが知られる。

この寺社復興事業に関して、さらに興味深いのは、秀頼が現地の大名を奉行に任じていることである。たとえば、熊野本

熊野本宮大社　和歌山県田辺市

出雲大社　島根県出雲市

宮大社の復興にあたっては、和歌山城主の浅野幸長が奉行を務め（熊野本宮大社釣燈籠銘）、出雲大社に関しては、片桐且元とともに松江城主の堀尾吉晴が奉行に任じられた（出雲大社棟札）。豊臣秀頼が一大名であったならば、浅野幸長や堀尾吉晴とは同格だったはずであるが、両者の間には明確な上下関係が成立している。

秀頼の所領を摂津・河内・和泉三ヶ国とすることにも疑問がある。そもそも秀頼が、家康や二代将軍となった徳川秀忠から知行を宛行《あてが》われたり、安堵されたという事実そのものがないのである。

大坂夏の陣で豊臣家が滅び、家臣の多くが滅亡したため、現在確認できる秀頼発給の知行宛行状はわずか六通に過ぎない。にもかかわらず、そこに記される村々は摂津・河内・和泉の範囲を越えて山城・近江・備中にまで広がっている。これに秀頼の直臣団である「大坂衆」の所領であることが判明している地域を加えると、その範囲はさらに大和・伊勢・美濃・信濃・丹波・讃岐・伊予にまで広がりをみせる。

こうした事実全てが豊臣秀頼が決して一大名などではなかったことを示している。では、秀頼はどういう存在だったのであろうか。

天正十三年（一五八五）七月十一日、羽柴秀吉は従一位関白となり、同年九月九日には新たに創られた「豊臣朝臣」の氏姓を賜った。そして、秀吉は公家の家格を用いて豊臣政権下の大名をランク付けする。豊臣本家は近衛《このえ》・鷹司《たかつかさ》・九条・二条・一条の五摂家に並ぶ「摂関家」となり、秀長・秀次の豊臣分家や旧主家の織田信雄、徳川家康らが摂関家に次ぐ「清華家《せいが》」に列した。「清華家」は摂政・関白にこそなれないが、太政大臣にまで昇進可能な家格で、久我《こが》・転法輪三条《てんぽうりんさんじょう》・西園寺《さいおんじ》・徳大寺《とくだいじ》・菊亭《きくてい》・花山院《かさんのいん》・大炊御門《おおいみかど》の七家が「七清華」と呼ばれた。毛利輝元・上杉景勝・前田利家・小早川隆景ら豊臣政権の大老たちも家康に続いて次々と「清華家」に列した。景勝の上杉家などは室町幕府の関東管領であった上杉家を継承する誇り高き家柄であったが、その上杉家をしても「清華家」に列することなど思いもよらぬことだったので、「今又景勝は、先祖上杉氏始まりて以来、先例なき中納言に昇進せられ、清華に準ぜらるゝ事、当家の高運、面目なる事なれば、末代の為め之を記す」(『北越耆談』)と書き留めている。

こうした家格は秀吉没後も厳然として残り、秀頼は「摂関家」たる豊臣本家の当主で、家康はその次にランクされる「清華家」の当主に過ぎなかった。家格の上では秀頼が家康の上位に位置したのである。

「摂関家」の当主である秀頼は、いつ関白になってもおかしくない存在であった。事実、慶長七年十二月には朝廷に秀頼を関白に推す動きがあったようで、醍醐寺三宝院門跡の義演は、

「国家安康」「君臣豊楽」の鐘銘
京都市東山区・方広寺

「秀頼卿関白宣下の事仰せ出さると云々、珍重々々、江戸大納言（徳川秀忠）は将軍宣下と云々」（『義演准后日記』慶長七年十二月晦日条）と記し、毛利宗瑞（輝元）も慶長八年正月十日付の手紙で、「内府様（徳川家康）将軍に成らせられ、秀頼様関白に御成の由候。目出たき御事に候」としたためている。実際には秀頼への関白宣下はついに実現を見なかったのであるが、この記述で注目すべきは秀頼の「関白」と徳川家の「将軍」とが併存するとの認識が示されていることである。我々は「将軍」というと、徳川幕府体制が安定して以降の絶対的な権力者をイメージしがちであるが、この時期の「将軍」は決してそうではなかった。家康が「将軍」になって幕府を開こうと、そのことで秀頼の「関白」への道が閉ざされた訳ではなかったのである。

慶長十九年七月、京都・東山では大仏殿（方広寺）の再建工事が着々と進み、開眼供養が間近に迫っていた。ところがそこに、徳川家康が難癖《なんくせ》を付けた。大梵鐘に刻まれた銘文の「国家安康」「君臣豊楽」という字句は、「家康を呪詛し、豊臣家の繁栄を願うものである」というのである。豊臣秀頼は弁明の使者として片桐且元を派遣したが、懸命に釈明する片桐且元に対して、家康は条件を示した。

①秀頼が江戸に参勤する
②淀殿が人質として江戸に下る
③秀頼が大坂城を出て国替えに応じる

これら三つの内のどれかを豊臣家が呑むならば、家康は怒りをおさめるというのである（『駿府記』）。これは要するに豊臣家も徳川幕府傘下の一大名になれ、というメッセージであった。これまでにも何度か、そうしたメッセージを家康は発していたのであるが、そのたびに豊臣家の側は断固としてこれを拒否した。そして、ついに鐘銘事件へと至った。秀頼が一大名でなかったから、大坂の陣が起ったのである。

家康も当初から豊臣家を滅ぼそうと考えていたわけではない。おとなしく豊臣家が徳川体制下の一大名になるのであれば、秀吉による旧主織田家の処遇を参考に、それ相応の措置を予定していたものと思われる。ところが家康のこうした思いに豊臣家が応じることはなく、老齢になった家康にはいよいよ死期が迫り、一方の秀頼は前途有望な青年に成長した。慶長十六年三月二十八日に京都・二条城で両者が会見した際には、家康自らたくましい体躯の秀頼を直接目にし、京都の市民は上洛した秀頼を熱狂して迎えた。太閤秀吉以来の豊臣家の威光は健在だった。

一六〇九年に平戸に商館を置き、日本との交易を開始したオランダ東インド会社は、秀頼を「日本の正当の皇帝」とみなし、「現皇帝」家康が亡くなった場合、家康の嫡子である徳川秀忠か、秀頼のいずれかが次の「帝位に即く」と考え、双方に贈り物を届けている。ポルトガルも同様の態度をとった。そして、秀頼の声望はきわめて高く、「大諸侯及び平民」の多くが「彼（秀頼）に心服」していると言い、秀頼が帝位に即くことを、「人民及び有力なる諸侯」が「輿望」（期待）していると記す（『和蘭東印度商会史』）。「統治の任に堪える年齢に達した」秀頼を天下人にと望む世論が巻き起こっていたのである。

家康は焦ったに違いない。自分の眼の黒い内に豊臣家を潰しておかなければ、徳川家の方が危ない――家康はそうした思いにかられ、強引な手段を用いて大坂の陣を引き起こしたのであろう。

慶長十九年十月一日、家康は近江・伊勢・美濃・尾張・三河・遠江の諸大名に大坂攻めへの出陣を命じた（『駿府記』）。大坂冬の陣の始まりである。

大坂城を取り巻く徳川方の軍勢約二十万。対する大坂城には、真田幸村（信繁）・長宗我部盛親・毛利勝永（吉政）・後藤又兵衛（基次）・明石掃部（全登）ら浪人諸将が続々と入城を果たした。難攻不落の大坂城に籠る豊臣方も約十万に膨れ上がった。

冬の陣の真っ最中にイエズス会宣教師ヴァレンタイン・カルヴァリヨが記した手紙がある。「支配者（家康）が既に老齢に達して」おり、「彼（家康）が死ぬと彼の相続者・秀忠も滅びるだろう。そうでなくとも彼（秀忠）は諸侯のあいだで嫌われているので、政権を得られないであろう」と述べ、新たに「支配者になる人」は「秀頼」であると断言した（一六一四年十二月十八日付書簡）。

一六〇七年に来日し、以後国内で布教活動に従事した聖ドミニコ会の宣教師フライ・ヤシント・オルファネールは、家康が七十四歳という高齢をおして、わざわざ大坂夏の陣に出陣した理由を、「皇太子（秀忠）では勝利の見込みがないと恐れたからであった」とし、「もし皇帝（家康）が自ら出陣しなかったならば、全諸侯は父（秀吉）の偉業により秀頼に好意を寄せていたので、皇太子が決して王座につけなかったことは確実である」と断じた（『日本キリシタン教会史』)。

一般に思われているように、大坂の陣は豊臣方が最初から負けるとわかっていた戦いではなかったのである。

〈参考文献〉

井上安代編著『豊臣秀頼』(自家版、一九九二年)
笠谷和比古著『関ヶ原合戦　家康の戦略と幕藩体制』(講談社、一九九四年)
笠谷和比古著『関ヶ原合戦四百年の謎』(新人物往来社、二〇〇〇年)
笠谷和比古著『関ヶ原合戦と近世の国制』(思文閣出版、二〇〇〇年)
笠谷和比古著『戦争と日本史一七　関ヶ原合戦と大坂の陣』(吉川弘文館、二〇〇七年)
北川央著『大坂城と大坂の陣—その史実・伝承』(新風書房、二〇一六年)
北川央著『なにわの事もゆめの又ゆめ—大坂城・豊臣秀吉・大坂の陣・真田幸村—』(関西大学出版部、二〇一六年)
北川央「秀頼時代の豊臣家」(国立文楽劇場『第一〇七回文楽公演』プログラム、二〇〇七年)
北川央「秀頼時代の豊臣家と大坂の陣」(福井市立郷土歴史博物館『平成二十四年秋季特別展　大坂の陣と越前勢』図録所載、二〇一二年。のち同著『大坂城をめぐる人々—その事跡と生涯』に再録、創元社、二〇二三年)

北川央「なぜ大坂の陣は起こったのか」（『大坂の陣ゆかりの地朱印めぐり』、産経新聞社総合企画室、二〇一四年。のち同著『大坂城と大坂・摂河泉地域の歴史』に再録、新風書房、二〇二二年）
北川央「『大坂の陣』の真実」（『NHK大河ドラマ・ストーリー　真田丸　完結編』、NHK出版、二〇一六年）
木村展子「豊臣秀頼の寺社造営について」（『日本建築学会計画系論文集』四九九、一九九七年）
下村信博「ある豊臣秀頼の文書」（『名古屋市博物館だより』一一〇、一九九六年）
福田千鶴著『豊臣秀頼』（吉川弘文館、二〇一四年）
矢部健太郎「豊臣『武家清華家』の創出」（『歴史学研究』七四六、二〇〇一年。のち同著『豊臣政権の支配秩序と朝廷』に再録、吉川弘文館、二〇一一年）

第四章　秀頼をめぐる噂の真相

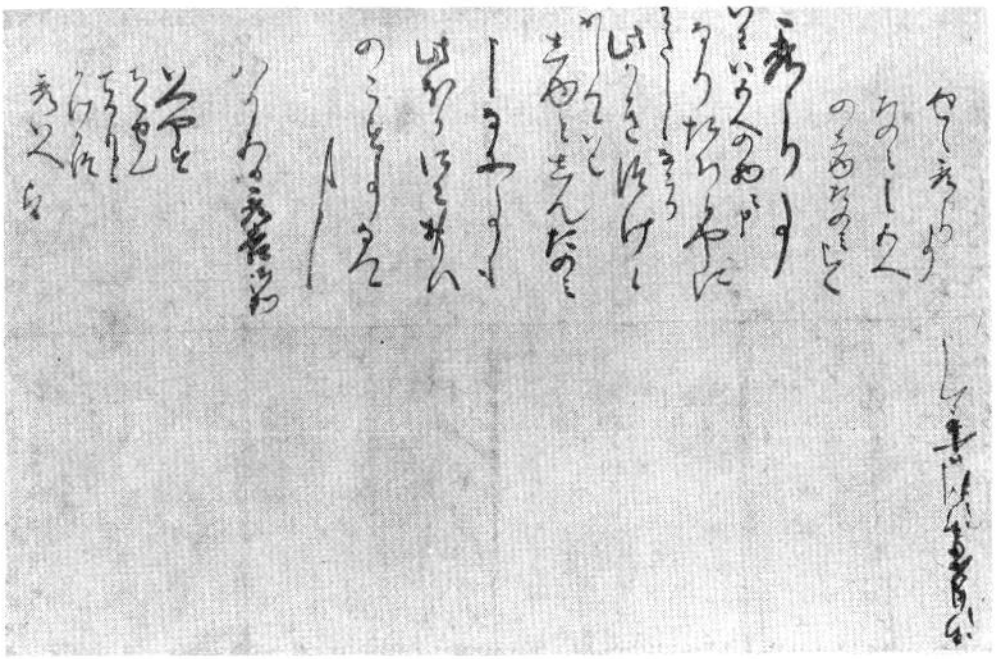

豊臣秀吉遺言状写（毛利博物館蔵）

頼み申し候

秀より《（頼）》事なりたち候やうに、此かきつけ《（書付）》候しゆ《（衆）》として
たのミ《（頼）》申候、なに《（何）》事も此ほかにわおもひ《（思）》のこす事なく候、
かしく
返々、秀より《（頼）》事たのミ《（頼）》申候、五人のしゆ《（衆）》たのミ《（頼）》申候、〳〵、
いさい《（委細）》五人の物《（者）》ニ申わたし候、なこりおしく《（名残り惜）》候、以上

天下統一の覇者・豊臣秀吉は、五大老に宛てて最後にこう言い遺した（「豊臣秀吉遺言状案」『毛利家文書』）。その生涯が華麗すぎたがゆえに、死の病の床から、わずか六歳の幼児秀

豊臣秀頼画像（京都・養源院蔵）

頼の将来を繰り返し頼む姿は、あまりにも哀《かな》しい。

そして、悲痛なまでの秀吉の願いは空しく裏切られ、秀頼の将来を託したはずの五大老筆頭・徳川家康によって秀頼の生命は絶たれ、豊臣家の命運さえも尽きてしまうのだからなおさらである。

淀殿〝婬乱〟

こんにちも現存する秀頼宛ての秀吉自筆の手紙が如実に示しているとおり、秀吉は、五十七歳にして側室淀殿との間に得た秀頼をとにかく溺愛《できあい》した。その愛情が高じて、先に関白職を譲った甥で養子の秀次《ひでつぐ》を高野山に追放し自刃させてまで、秀吉は秀頼を自らの後継者の座に就《つ》けたが、その秀頼の出生については、とかくの噂・憶測が伝えられている。

まず、真田増誉の著した『明良洪範』（成立年不詳）には、

豊臣秀頼ハ秀吉公ノ実子ニアラズ、竊《ひそか》ニイヘル者モアリシトゾ、其頃占卜《せんぼく》ニ妙ヲ得タル法師有テ、カク云ヒ初《そめ》シト也、淀殿、大野修理《しゅり》ト密通シ、捨君《すてぎみ》ト秀頼君ヲ生セ給フト也、秀吉公死後ハ淀殿弥《いよいよ》荒婬ニナラレシ事、大野モ邪智婬乱、且《かつ》容貌美ナレバ也、名古屋山三《なごやさんざぶ》郎《ろう》ガ美男成《なる》ニ、淀殿思ヲ懸ケ、不義ノ事有ケル也、大坂ノ亡ビシハ、偏《ひとえ》ニ淀殿不正ヨリ起リシ也

と記される。秀頼が秀吉の実子でないと密かにいう者があるが、そもそもこれは当時占いに長じた法師がいて言い出した話である。秀頼も、その兄で天正十九年（一五九一）わずか三歳で夭逝《ようせい》した棄丸《すてまる》（捨《すて》、鶴松《つるまつ》）も、ともに淀殿が大野修理治長と密通した結果生まれた不義の子で、淀殿は治長のほかにも美男の誉れ高い名古屋山三郎とも関係を持ったと伝え、豊臣家の滅亡はただひたすら淀殿の淫乱に求められる、と述べている。

棄丸画像（京都・妙心寺蔵）

続いて、元禄年間（一六八八〜一七〇四）から享保十八年（一七三三）にかけて執筆された天野信景の随筆『塩尻《しおじり》』には、

豊臣秀頼ハ、秀吉の実子にあらず、大野修理が子かと疑ひける、され共、其実は、当時卜筮《ぼくせい》の為に寵せられし法師あり、淀殿これに密通し、棄君《すてぎみ》と秀頼とを生せし、大野ハ秀吉死後に淀殿に婬しけり、淀殿ハ容貌美に邪智婬乱成し、名古屋山三が美男成しに思ひかけて、不義の事ありし、凡《およそ》大坂滅亡の起《おこり》、ひとへに淀殿に有、秀吉匹夫《ひつぷ》の身より出て、天下を

呑めり、然《しか》れども無学にして道を知給ハず、家法なくして室家婬乱なるも悟り給ハず、宜《むべ》なる哉《かな》二世を思ひ給わずして、跡なく亡ひける事、嗚呼

とある。先の『明良洪範』と比較すると、秀頼が秀吉の実子でないと言い出したはずの占いの上手な法師が、淀殿の密通相手にすりかわっており、噂話が新たな展開を見せたことが知られる。そのうえで、『明良洪範』の伝えた棄丸（捨・鶴松）・秀頼兄弟の大野治長実子説は、治長が淀殿と通じたのは秀吉の死後であるとこれを却下している。名古屋山三郎との密通説は同じく伝えており、豊臣家滅亡の要因を淀殿の淫乱に求める点も同様である。

淀古城址の石碑　京都市伏見区・妙教寺

しかし、そのさらに遠因を秀吉に求め、秀吉が「匹夫」、すなわち身

分の低い百姓の出だから無学で、そのために家を取り締まる法も定めることができず、家内に淫行がはびこったのだとする点が新たに付け加えられている。もちろん、この『塩尻』の記述は事実ではなく、秀吉は大坂城の御奥への男性の出入りを厳しく制限した掟書を定めている（桑田忠親『桃山時代の女性』）。

さて、寛政三年（一七九一）に完成なった神沢貞幹著の随筆『翁草《おきなぐさ》』も、「淀殿」と題して一項を設け、「或《ある》古書を見」たとして『塩尻』とほとんど同じ説を記している。『翁草』が根拠とした「或古書」とは、すなわち『塩尻』であった可能性が高いと思われる。

ところが一方、『玉露証話』（成立年不詳）は、

秀吉公ハ朝鮮征伐の指揮として、文禄元年春、西国へ出馬、肥前の名護屋にましま す、秀頼ハ文禄二年八月三日に出生まします、是ハ淀殿潜に名護屋山三郎を招き愛せらるゝに付て、秀頼卿ハ彼《かの》山三郎が胤《たね》なりと云伝ふ、淀殿殊之外《ことのほか》淫乱なる生付《うまれつき》にて、大閤《（ママ）》へもひたと淀殿の方より婬事をすゝめらるゝ故、大閤《（ママ）》も後ハこまり玉ひて、近臣の閨門出入をさして咎《とが》め玉ふ事なかりしとかや、夫故《それゆえ》秀頼ハ大野修理亮治長が密通の子なりともいへり

と、『明良洪範』の記した秀頼＝大野治長実子説を併せて紹介しつつも、『明良洪範』が伝えたいまひとつの、淀殿と名古屋山三郎との密通説を主役の座に据え、秀頼は名古屋山三郎の子供なのだと主張している。

さらに、秀吉との関係も淀殿の方から積極的に持ちかけるという形であったが、そのうち秀吉も困り果ててしまい、ついには近臣が淀殿のもとに出入りすることを許すまでになったという話まで付け加えて面白おかしく脚色しているが、この『玉露証話』の記述も、『塩尻』や『翁草』とは別の形で『明良洪範』の伝えた噂話を新たに展開させたものと考えてよかろう。

これまで紹介してきた江戸時代の随筆などによって、秀頼は、淀殿が大野治長や占いの上手な法師、はたまた名古屋山三郎と密通して出来た子などと噂されていた事実が知られたが、次々とかわる秀頼の父の名は、人から人へと伝わる間にどんどん話が展開して中味がふくらんでいくという噂話なるものの本質を示していて、いかにその根拠が薄弱であるかを表現しているともいえよう。

けれども、こうした噂話を通して淀殿＝淫乱というイメージは世間に深く浸透し、定着していったのであって、いつしか淀殿は〝淀君〟の名で呼ばれるようになった。

〝淀君〟の「君」は、路傍に立つよたかを「辻君」と呼んだ、それと同じ意味である。

三人の秀勝

そもそも秀頼が秀吉の実子か否かと問われるのは、多くの妻妾を抱えながら、晩年になって淀殿との間に儲《もう》けた鶴松と秀頼以外に秀吉が実子に恵まれなかったからにほかならない。

これに対して桑田忠親氏は、秀吉には長浜城主時代に秀勝（石松丸）ともう一人女の子が生まれていると述べた（『太閤豊臣秀吉』）。

伝羽柴秀勝画像
（滋賀・妙法寺旧蔵、東京大学史料編纂所所蔵写真）

たしかに、滋賀県長浜市の妙法寺には、かつて秀吉の実子・羽柴秀勝と伝えられる少年の画像が伝来し（昭和二十七年に焼失）、同寺にはいまも秀勝の墓と伝えられる墓碑が遺されている。そこに刻まれた「本光院朝覚居士」の戒名は、同じく長浜市内の徳勝寺の位牌《いはい》にも見られ、国の重要無形民俗文化財に指定される曳山《ひきやま》祭りは、地元長浜では天正二年（一五七四）領主である秀吉に男児が誕生したのを祝って始められたと伝えられてきた。

さらに、長浜八幡宮の旧神宮寺の法灯を受け継ぐ舎那院には、「奉寄進御宝前　江州北部八幡宮　羽柴筑前守殿　御れう《（寮）》人甲戌歳　息災延命　如意御満足処　天正九年　八月三日」という銘文のある阿弥陀三尊の懸仏一面が伝存している。

この「御れう人」について、「御寮人」という語自体は特に女子に限らず貴人の息男・息女を指す言葉なのでまさに秀勝その人を指すとの解釈もあるが、これに関しては、天正九年（一五八一）八月三日段階で、「甲戌歳」、すなわち天正二年（一五七四）生まれということであるから、秀吉にとっては初めての養女となった前田利家の娘豪姫と理解するのが自然であろう。

伝羽柴秀勝廟　滋賀県長浜市・妙法寺

妙法寺に墓碑の残る秀勝（本光

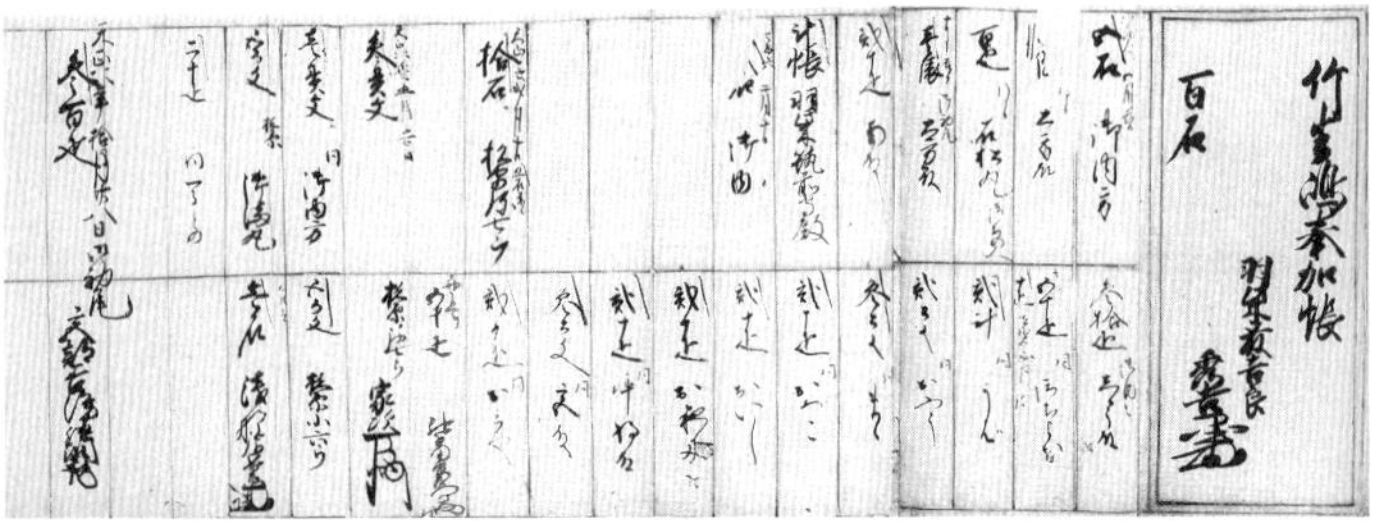

竹生島奉加帳（滋賀・宝厳寺蔵）冒頭部分

院朝覚居士）についても、実子ではなく秀吉の養子と理解することも可能であるが、桑田氏は、こののち主君織田信長の四男於次《おつぎ》丸《まる》を養子に迎えて「秀勝」を名乗らせ、彼が死ぬと、また姉ともの次男小吉《こきち》を貰い受けて、やはり「秀勝」と名乗らせるなど、秀吉が異常とも思えるほど「秀勝」という名に執着を見せたのも、秀勝（石松丸）が実子で、よほど忘れ難かったためであろうと推察した。そして「竹生島《ちくぶしま》奉加帳」（宝厳寺蔵）に見える「石松丸」こそが秀勝で、同じく奉加帳に見える「南殿」がその母であろうと推定したのである。

永遠の謎

こうして、鶴松・秀頼以外にも秀勝という秀吉の実子が存在したと主張する桑田氏は、加えて、もし万が一淀殿密通の噂が秀吉の耳に入ったとしたらどうか、大野治長や名古屋山三郎はもちろんのこと、淀殿の首さえなかったに違いない、と秀頼＝秀吉実子説を強調したが、大坂にいた毛利家の家臣周竹（内藤隆春）が慶長四年（一五九九）十月朔日付で嫡男内藤元家に宛てて上方《かみがた》情勢を報じた書状（『萩藩閥閲録』巻九九―二）の中に、

一、おひろい様之御局をハ大蔵卿《おおくらきょう》と申之、其子ニ大野修理と申御前能人候、おひろい様之御袋様と密通之事共候か、可相果之催共ニて候處、彼修理を宇喜多被拘置候被相果候共申候、高野《こうや》江逃候共申候由候、兎角《とかく》若衆計祗候被申候へハ、無正儀（義）事ニて候間、家康・輝元ハ大坂ニ御座候ハてハ不可然候、伏見にハ三河守（結城秀康）殿・秀元御座候て尤可然之由、被仰談之由候、下々之衆ハ祝之由申候、定而左右あるへく候、今日迄之沙汰ニ候

という一項があり、これによって、少なくとも秀吉が死して一年後の、慶長四年（一五九九）十月頃には淀殿・大野治長密通の噂が存在したことが知られるのである。

それればかりではない。フロイス『日本史』（第三部四五章）によれば、鶴松出生に関し、

彼（秀吉）には唯一の息子（鶴松）がいるだけであったが、多くの者は、もとより彼には子種がなく、子供をつくる体質を欠いているから、その（息子）は彼の子供ではない、

と密かに信じていた。

という記述が見られ、すでに秀吉在世中から淀殿密通の噂があったことを裏付けているのである。

ただし、これらとて、江戸時代の随筆とは違って同時代史料とはいうものの、内容的には噂の伝聞を記したにすぎず、噂というものは、既述のとおり、たとえそれらが何らかの事実に基づくものであったとしても、人から人へと伝わっていく間に興味本位に誇張を重ねていくのが常であるから、果して秀頼が秀吉の実子であったか否か、その真相は永遠に謎としかいいようがない。

けれども、秀吉が秀頼を我が子として溺愛し、その死に際して最後の最後まで秀頼の将来を繰り返し繰り返し頼んだことだけは動かしようのない事実であり、加藤清正らが太閤の遺児・秀頼に対して誠心誠意尽くしたことも、やはり紛れもない事実なのである。あえて最後に銘記しておきたいと思う。

〈参考文献〉

井上安代編著『豊臣秀頼』(自家版、一九九二年)
小和田哲男著『豊臣秀吉』(中公新書、一九八五年)
桑田忠親著『淀君』(吉川弘文館、一九五八年)
桑田忠親著『桃山時代の女性』(吉川弘文館、一九七二年)
桑田忠親著『豊臣秀吉』(角川文庫、一九八四年)
桑田忠親著『太閤の手紙』(文春文庫、一九八五年)
桑田忠親著『太閤豊臣秀吉』(講談社文庫、一九八六年)
渡辺世祐著『豊太閤の私的生活』(講談社学術文庫、一九八〇年)

第五章　豊臣家の怨霊

秀吉の遺言

慶長三年（一五九八）八月十八日、天下統一の覇者豊臣秀吉は、伏見城において、六十二年にわたる波瀾万丈の生涯を終えた。

死に先立って秀吉は、自らの死後、愛児秀頼を大坂城に遷すよう遺言した。そして、大坂城には前田利家が入って秀頼を後見し、徳川家康には伏見城で天下の政治を沙汰するよう命じた。あわせて、家康の孫娘千姫と秀頼との結婚も決められた（「豊臣秀吉遺言覚書」）。

秀頼の大坂遷座について、イエズス会宣教師フランシスコ・パシオは、「国の統治者が亡くなると戦乱が勃発するのが常であったから、これを未然に防止しようとして、太閤様は日本中でもっとも堅固な大坂城に新たに城壁をめぐらして難攻不落のものとし、城内には主要な大名たちが妻子とともに住めるように屋敷を造営させた。太閤様は、諸大名をこうしてまるで檻《おり》に閉じ込めたように自領の外に置いておくならば、彼らは容易に謀叛を起こし得まいと考えたの

豊臣秀吉木像（大阪城天守閣蔵）

であった。太閤様は、これらすべての企てが功を奏するためには上記の普請が完成し、かつ朝鮮、日本両国間に善かれ悪しかれ和平が締結されて、全諸侯が朝鮮から帰国するまでは自分の死が長らく秘されるがよい。かくて自分の息子の将来は、いっそう安泰になるであろうと考えたのであった」（一五九八年十月三日付「一五九八年度日本年報」）と解説する。

　これによると、豊臣政権下の主要な大名全てが大坂に屋敷を構え、妻子を置くように命じられたかのように思われるが、イエズス会の「一五九九―一六〇一年 日本諸国記」に「都には暴君太閤様が築いた壮大な伏見城があり、大坂には同じ暴君が築いた日本中で最大で最強の、実に堂々とした城がある。既述のように、これら二つの城内に日本の全領主が、すなわち伏見にはこの都から西域の国々の領主、また大坂には東域の国々の領主が自分の子秀頼とともに居住することを命じた」とあり、慶長五年卯月八日付の島津義弘書状にも、「伏見へハ西国衆御番たるべきよし御掟仰せ出され候」と記されるので、実際は、西国大名は伏見に、東国大名は大坂に屋敷を構えるよう命じられたことがわかる。

　秀吉は、この年、徳川家康・前田利家・毛利輝元・上杉景勝・宇喜多秀家の有力大名五人を五大老に、浅野長政・前田玄以・石田三成・増田《ました》長盛《ながもり》・長束《なつか》正家《まさいえ》の実務官僚五人を五奉行に任命し、彼らの合議制で政権を運営する仕組みを確立したが、最終段階で秀吉は、五大老の内、徳川家康と前田利家を突出させ、二人を両輪とする体制を作り上げた。そして家康の入る伏見城には豊臣家や前田家に近い西国大名たちを置いて牽制し、秀頼と利家の入る大坂城には家康と親しい東国大名を置いて、彼らの動きを封じようと考えたのである。秀吉は、家康による謀叛を警戒していた。

先の「一五九八年度日本年報」には、そうした事情と、秀吉と家康の間で交わされた興味深いやりとりが記録されている。

「太閤様は、自分亡き後、六歳になる息子秀頼を王国の継承者として残す方法について考えを纏《まと》めあげた。太閤様は、関東の大名で八カ国を領有し、日本中でもっとも有力、かつ戦《いく》さにおいてはきわめて勇敢な武将であり、貴顕の生まれで、民衆にももっとも信頼されている徳川家康だけが、日本の政権を簒奪《さんだつ》しようと思えば、それができる人物であることに思いを致し、この大名家康に非常な好意を示して、自分と固い契りを結ばせようと決心して、彼が忠節を誓約せずにはおれぬようにした。すなわち太閤様は、居並ぶ重立った諸侯の前で、その大名家康を傍らに召して、次のように語った。『予は死んでゆくが、しょせん死は避けられぬことゆえ、これを辛いとは思わぬ。ただ少なからず憂慮されるのは、まだ王国を統治できぬ幼い息子を残してゆくことだ。そこで長らく思い巡らした挙句《あげく》、息子自らが王国を支配するにふさわしくな

徳川家康画像（大阪城天守閣蔵）

るまでの間、誰かに国政を委ねて、安全を期することにした。その任に当る者は、権勢ともにもっとも抜群の者であらねばならぬが、予は貴殿を差し置いて他にいかなる適任者ありとは思われぬ。それゆえ、予は息子とともに日本全土の統治を今や貴殿の掌中に委ねることにするが、貴殿は、予の息子が統治の任に堪える年齢に達したならば、かならずやその政権を息子に返してくれるものと期待している。その際、この盟約がいっそう鞏固《きょうこ》なものとなり、かつ日本人が挙げて、いっそう慶賀してくれるよう、次のように取り計らいたい。貴殿は、嗣子秀忠により、ようやく二歳を数える孫娘を得ておられるが、同女を予の息子と婚約させることによって、ともに縁を結ぼうではないか。…』と」。

これを聞いて、「家康は落涙を禁じ得なかった」と記されている。パシオは涙の理由を、「彼は、太閤様の死期が迫っていることに胸いっぱいになり、大いなる悲しみに閉ざされるいっぽう、以上の太閤様の言葉に示されているように、太閤様の己れに対する恩恵がどれほど深いかを、また太閤様の要望に対してどれだけ誠意を示し得ようかと思い巡らしたからであった」と説明したが、「だがこれに対して、次のように言う者がないわけではなかった。家康は狡猾《こうかつ》で悪賢い人物であり、これまで非常に恐れていた太閤様も、ついに死ぬ時が来たのだと思い、随喜の涙を流したのだ。家康は、とりわけ、いとも久しく熱望していたように、今や国家を支配する権限を掌中に収めたのも同然となったことに落涙せざるを得なかったのだ」と付け加えることも忘れなかった。

豊臣から徳川へ

慶長四年正月十日、亡き秀吉の遺言の旨に従い、秀頼は母淀殿とともに伏見城から大坂城へと移った。

ところが、同年閏三月三日、秀頼の後見人を務めた前田利家がこの世を去る。秀吉が腐心して編み出した徳川家康と前田利家を両輪とする体制はこうして脆《もろ》くも崩れ去った。

同年九月二十八日、伏見城から徳川家康が大坂城西の丸に乗り込んだ。これにともない、伏見に屋敷を構えていた西国大名も、大坂に移った。同年卯月八日付の書状で島津義弘は、「伏見の儀は荒野にまかりなるべき躰に候」と嘆いている。

こうして、豊臣政権は大坂城に一元化されたかに見えたが、慶長五年六月十六日、五大老の一人で、再三の上洛要請にも応じない会津の上杉景勝征討のため、家康は諸将を率いて大坂城を出陣した。

家康留守の隙に乗じて、石田三成が、前田玄以・増田長盛・長束正家ら奉行衆と語らい、家康の専横を弾劾《だんがい》し、打倒家康の兵を挙げた。総大将には五大老の一人毛利輝元を担ぎ出した。

同年九月十五日、徳川家康率いる東軍と石田三成ら西軍が、美濃・関ヶ原において激突し、結果は家康方東軍の大勝利に終わった。

九月二十七日、家康は大坂城に入って秀頼に戦勝報告を行ない、あらためて大坂城西の丸に居を定め、戦後処理を行なったが、それが済むと、翌慶長六年三月二十三日、家康は大坂城をあとにして伏見城に移った。政治の中心は伏見城となり、諸大名も悉《ことごと》く伏見に屋敷を移した（同年卯月十八日付　伊達政宗書状）。

そして、慶長八年二月十二日、家康は征夷大将軍に任ぜられて幕府を開き、同十年四月十六日、その地位は嫡子秀忠に継承された。

けれども、亡き秀吉が公家に準じて定めた諸大名の家格は厳然として残り、秀頼の豊臣家が「摂関家」であったのに対し、家康・秀忠の徳川家はそれに次ぐ「清華家《せいが》」（太政大臣までは昇進可能であるが、摂政・関白にはなれない家柄）に過ぎず、大坂城に拠る豊臣秀頼は、徳川幕府にとって、たいへん目障りな存在であった。

その上、秀頼が頼もしく成長すると、声望も高まり、「大坂の城に在る秀頼様は、先帝（秀吉）の子にして、日本の正統の皇帝なれども、種々なる事情の為めに位に即《つ》かざりしが、人民及び有力なる諸侯の輿望《よぼう》あるにより、現皇帝（家康）の死後は、位に即くことあるべき」（『和蘭東印度商会史』一六一一年七月十一日条）と記されるほど、事態は徳川幕府にとって深刻になった。

不安にかられた家康は、自らの目の黒いうちに決着をつけるべく、当時、秀頼によって再建中であった京都・東山の大仏殿（方広寺）の鐘銘に刻まれた「国家安康」「君臣豊楽」という字句に、「家康を呪詛し、豊臣家の繁栄を願うものである」と難癖《なんくせ》をつけ、強引に豊臣家との戦端を開いた。

慶長十九年十月一日に家康が諸大名に出陣を命じて始まった大坂冬の陣は、同年十二月二十二日に両軍の間で講和がまとまったが、翌慶長二十年（＝元和元年）、家康は、大坂城で頻りに再軍備の噂が聞こえるとして、またもや無理難題を突き付けて大坂夏の陣を引き起こし、同年五月七日、大坂城は落城。翌八日、焼け残りの櫓に潜んでいた秀頼・淀殿が自害して、豊臣家は滅亡した。

豊臣秀頼・淀殿ら自刃の地石碑　大阪市中央区・大阪城

秀吉は、死後、自らが神として祀られることを望み（『お湯殿の上の日記』慶長四年三月五日条）、慶長四年四月十七日に「豊国大明神《とよくにだいみょうじん》」の神号宣下《せんげ》がなされ、阿《あ》弥陀ヶ峰《みだがみね》の麓《ふもと》に壮大華麗な社殿が造営された。けれど、徳川幕府は、秀吉から「豊国大明神」の神格を剥奪し、豊国社《ほうこくしゃ》の社殿についても、破却を命じたが、高台院（秀吉正室の北政所お祢《ね》）の歎願が容れられ、崩れ次第に任せられることとなった（『東照宮御実紀附録』）。

後顧《こうこ》の憂《うれ》いを断った家康は、元和二年（一六一六）

四月十七日、駿府城内で七十五歳の生涯を終えた。

大坂夏の陣後、徳川幕府は家康の外孫松平忠明を大坂藩主とし、焦土と化した大坂市街の復興にあたらせたが、一定の目処が立った元和五年七月二十二日、幕府は忠明を大和郡山に移し、大坂を幕府の直轄地とした。

そして、翌元和六年三月一日、諸大名を動員する「天下普請《てんかぶしん》」の形で大坂城の再築工事にとりかかった。縄張《なわばり》を任されたのは「築城の名手」として名高い藤堂高虎で、二代将軍秀忠は、秀吉が築いた豊臣大坂城と比べ、石垣の高さも、濠《ほり》の深さも二倍にせよ、と命じた（『藤家忠勤録』）。

工事は三期にわたり、北国・西国の六十四大名が参加し、寛永六年（一六二九）六月に完成した。この工事により、豊臣大坂城は地中深くに埋められ、その上にまったく新たな徳川大坂城が完成した。天守の高さは約五八メートルで、豊臣大坂城天守の約四〇メートルを遥かに凌いだ。石垣は最も高い本丸東側で三四メートルに達し、蛸石・肥後石などと名付けられた巨石の重量は優に百トンを超えた。

秀吉の怨霊

江戸時代の大坂城は、幕府の西国支配の拠点と位置付けられ、五～十万石程度の譜代大名が大坂城代に任ぜられ、大坂在勤の幕府役人を統轄するとともに、西国諸大名の動向を監察した。この大坂城代を補佐したのが定番《じょうばん》で、京橋口《きょうばしぐち》定番・玉造口《たまつくりぐち》定番という二つの役職に一～二万石程度の譜代大名が就任した。

さらに大坂城には、幕府正規軍である大番《おおばん》十二組の内、二組が順次駐留し、五千石クラスの大身の旗本や一万石クラスの譜代大名が大番頭《おおばんがしら》に任ぜられて、大番二組を統率した。大番二組の加勢とされたのが加番で、山里《やまざと》加番・中小屋《なかごや》加番・青屋口《あおやぐち》加番・雁木坂《がんぎざか》加番という四つの役職に、一～三万石クラスの大名が選ばれ、一年任期で大坂城に着任した。

江戸時代の大坂城は、常時、これだけの軍事力を擁し、さらに、大坂船手《ふなて》（船奉行）のもとに水軍も編成し、外様の大々名がひしめく西国の有事に備えた。最高責任者である大坂城代には、有事の際、将軍の命を待たず、西国諸大名に出陣を命じる権限が与えられた。

それだけに大坂城には、大量の武器・弾薬が備蓄されていた。大坂城の搦手《からめて》にあたる青屋口にあった焔硝蔵《えんしょうぐら》（火薬庫）には、当時、焔硝（黒色火薬）二万一九八五貫六百匁（約八二トン）、鉛の弾丸が大小四三万一〇七九個、火縄三万六六四〇筋が納められていた。万治三年

（一六六〇）六月十八日、この焔硝蔵に雷が落ち、凄まじい大爆発が起こった。

青屋口の石垣に使われていた巨石が五つ、内堀・山里丸・本丸・二の丸を飛び越えて大手口に落下し、天守・本丸御殿をはじめ、城内の建物に甚大な被害が生じたほか、青屋口の引橋《ひきばし》（算盤橋《そろばんばし》）が爆発で破壊され、橋の用材が天満（大阪市北区）や備前島（大阪市都島区網島町）まで吹っ飛び、直撃を受けた子供が即死した。大坂城内でも加番大名の土岐頼行《ときよりゆき》が負傷し、家臣五人が焼死するなど、計二十九人の死者、一三〇人余りの負傷者が出た。大坂市街では一四八一軒の家屋が倒壊し、損傷した家屋は数え切れないほどであった。青屋門の門扉は、河内（大阪府）と大和（奈良県）の国境に聳《そび》える生駒山の暗峠《くらがりとうげ》に飛来した（『板倉重矩常行記』）。大坂城から暗峠まではおよそ一四キロメートルの距離で、暗峠の標高は約四五〇メートルであるから、想像を絶する大爆発であった。

この日は六月十八日で、「十八日ハ太閤秀吉公の忌日」であったから、落雷は「豊国大明神の霊」の仕業《しわざ》と考えられ（『武門諸説拾遺』）、幕府関係者は恐怖に慄《おのの》いた。

二年後の寛文二年（一六六二）五月一日、今度は京都・大坂をはじめとする近畿地方一帯を大地震が襲った。二条城の外郭が各所で壊れ、大津や宇治の倉が崩壊。丹波・篠山《ささやま》城、摂津・尼崎城、近江・膳所《ぜぜ》城、若狭・小浜城などで石垣が崩れ、近江の朽木谷《くつきだに》では領主の朽木貞綱《くつきさだつな》が地震の被害で圧死した（「厳有院殿御実紀」寛文二年五月五日条）。

一日は秀吉の命日ではないが、万治三年の大爆発で秀吉が怨霊と化したと考えられていたので、幕府の二条城や譜代大名の城に甚大な被害を与えたこの大地震もまた、「今度の地震、豊国大明神の祟り」とされた（「忠利宿禰日次記」寛文二年五月十四日条）。

さらに三年後の寛文五年正月二日、大坂城大天守の北側の鯱《しゃちほこ》に落雷があり、火は最上層から次第に下層へと燃え移り、ついに天守全体を焼き尽くしたのである。

秀頼の怨霊

秀吉は生前、愛児秀頼の安全をはかるため、徳川家康の孫娘である千姫を秀頼の正室とすることを決めた。千姫は、家康の嫡男である秀忠と正室江《ごう》との間に生まれた長女で、江は秀頼の母である淀殿の妹であったから、二人は従兄妹という関係であった。秀吉の定めた掟を次々に破った家康であったが、秀頼と千姫の婚儀については、約束を違えることなく、慶長八年七月二十八日、七歳の千姫は十一歳の秀頼のもとに嫁いだ。

二人の仲はとても睦《むつ》まじいものであったと伝えられるが、大坂の陣が二人を引き裂いた。

慶長二十年（＝元和元年）五月七日、大坂城落城に際して、夫秀頼と姑《しゅうとめ》淀殿の助命嘆願のため、千姫は城外に出された。千姫は祖父家康、父秀忠に必死に訴えたものの、願いは聞き容れられず、翌八日、山里曲輪《くるわ》に潜《ひそ》んでいた秀頼・淀殿、そして大野治長《おおのはるなが》らの側近が自害し果てた。

千姫は、たいへんショックを受け、しばらく床に臥《ふ》したが、その後、徳川家発祥の地と伝えられる上野《こうづけ》国世良田《せらだ》郷（群馬県太田市）の満徳寺《まんとくじ》に侍女を派遣して豊臣家との縁切を済ませ、元和二年九月十一日、伊勢国桑名城主本多忠政の嫡男忠刻《ただとき》に再嫁した。時に千姫は二十歳、夫忠刻は一つ上の二十一歳であった。忠刻の生母熊姫《くまひめ》は、家康長男信康の次女であったから、一世代ずれて、千姫は姑熊姫と従姉妹の関係にあった。

翌元和三年七月、本多忠政は播磨・姫路へと転封になり、忠刻・千姫夫妻もこれに従い、姫路城に移り住んだ。桑名城主の折には本多家の所領は十万石であったが、姫路転封にともない十五万石に加増され、さらに千姫化粧料の名目で嫡子忠刻に別途十万石が与えられた。

元和四年には忠刻・千姫夫妻に長女勝姫が誕生し、翌年には待望の嫡子幸千代《こうちよ》が生まれた。何事も順風満帆で、幸せな結婚生活を満喫していた千姫であるが、元和七年十二月九日に幸千代がわずか三歳で夭逝《ようせい》したのを機に暗転し始める。

その後も千姫は懐胎《かいたい》するが、流産を繰り返したため、原因を占ったところ、先夫豊臣秀頼の

千姫観音（三重・柴原家蔵）

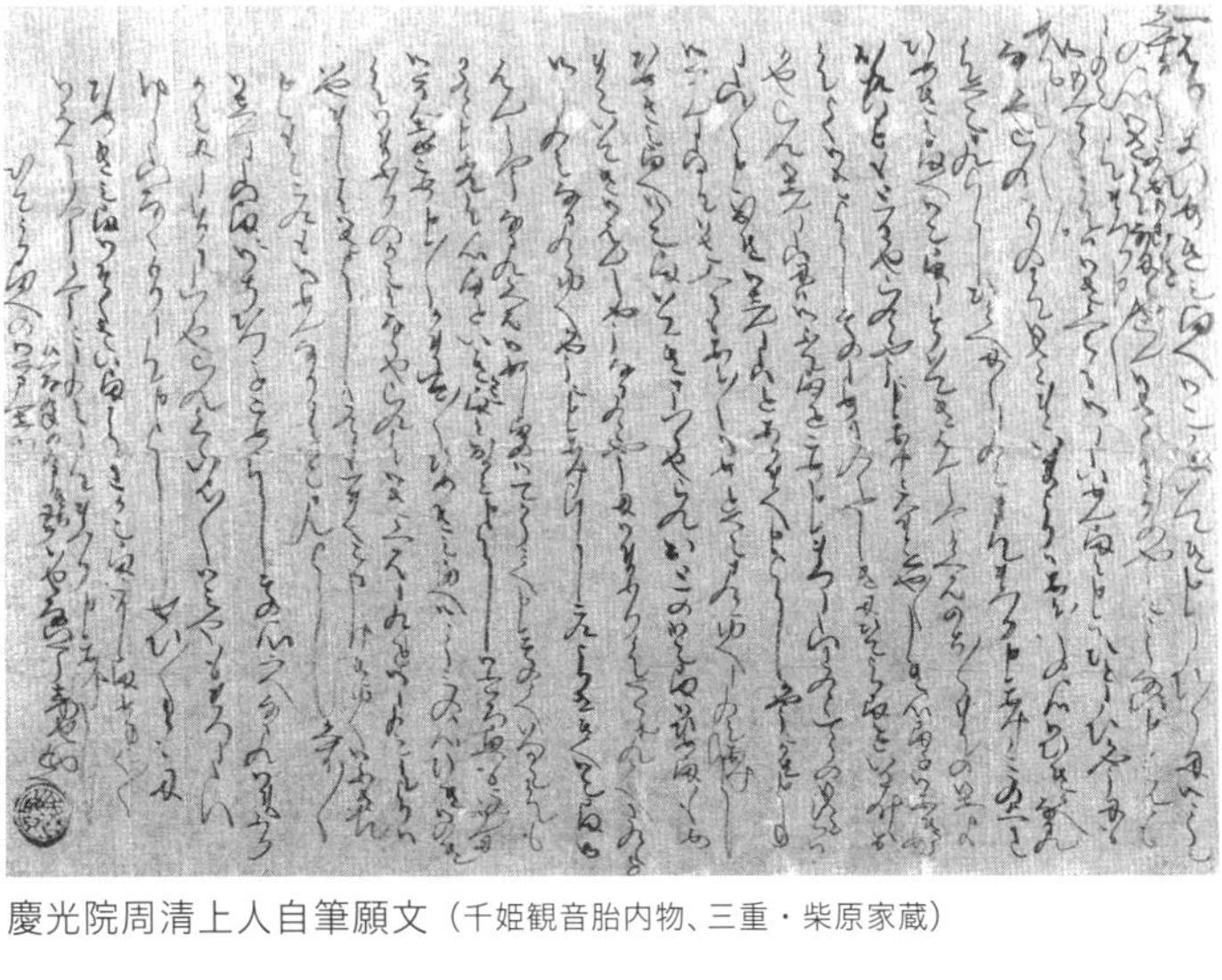

慶光院周清上人自筆願文（千姫観音胎内物、三重・柴原家蔵）

豊臣秀頼自筆六字名号
（千姫観音胎内物、三重・柴原家蔵）

崇りであるとの結果が出た。驚いた千姫は、母江や姑淀殿らが帰依《きえ》した伊勢・内宮《ないくう》の慶光院《けいこういん》の尼上人周清《しゅうせい》に秀頼の鎮魂を依頼した。周清は、小さな聖観音坐像を造り、その胎内に、秀頼が生前にしたためた「南無阿弥陀仏」の六字名号を納めて「御神体」とし、併せて周清自身が秀頼鎮魂のために綴った願文を納めた。

元和九年九月吉日付の願文は長文で、概ね以下の内容が記されている。

「占いをしたところ、千姫様にお子ができるたびに、あなた様にお恨みの心があって、それが障《さわ》りになっているとのことです。あなた様がお恨みになるのももっともなことであり、体面もあるでしょうが、一度こうなってしまったことは仕方ありません。千姫様には、私からも秀頼様の菩提《ぼだい》をお弔《とむら》いするよう申し上げますので、どうか今後は千姫様が男の子や女の子をたくさんお産みになり、母子ともに繁盛なさるよう守ってあげてください。次に千姫様が無事お子様をお産みになったら、それは秀頼様のお手柄であるのは明白です。千姫様だけでなく、私自身も、忙しさにかまけて秀頼様やお袋様（淀殿）の菩提を弔うのを怠ってきたことはほんとうに申し訳なく思っています。これからは我が慶光院にこの観音像をお祀りし、慶光院の続く限り、代々秀頼様とお袋様の供養をおろそかにすることはありません。どうか、千姫様へのお恨みの心を断ち切り、千姫様が息災であられ、お子たちがたくさん生まれて繁

本多忠刻墓　兵庫県姫路市・書写山円教寺

盛されるよう、お守りください」。

しかし、周清上人の祈りも空しく、秀頼怨霊の怒りは収まらなかった。寛永三年(一六二六)五月七日、今度は千姫の夫忠刻が三十一歳の若さでこの世を去った。「五月七日」は、大坂夏の陣で大坂城が落城した日。千姫は秀頼の恨みの深さにあらためて震えあがった。

再び寡婦《かふ》となった千姫は江戸に戻り、落飾《らくしょく》して「天樹院《てんじゅいん》」を名乗る。鎌倉・東慶寺《とうけいじ》の天秀尼《てんしゅうに》は、秀頼が側室に産ませた娘で、千姫にとっては義理の娘にあたる。この娘は、大坂落城に際して保護され、東慶寺に入れられて、尼となった。天秀尼は、東慶寺で父秀頼と豊臣家の人々の菩提を弔い続けていたので、天樹院となった千姫は、この天秀尼を援助することで、秀頼の鎮魂に努めたのである。

大坂城の怪談

江戸時代の大坂城に詰めたのは大坂城代や定番・加番などの譜代大名とその家臣、また大番衆の旗本たちであった。ところが、徳川家家臣たる彼らが、いつしか、幕府による大坂城再築の事実をすっかり忘れ去り、大坂夏の陣で落城した秀吉築造の大坂城がそのまま残っていると、勘違いするようになる。石垣の高さも濠の深さも豊臣大坂城の二倍にせよと命じ、徳川幕府が豊臣政権を凌ぐ強大な権力であることを誇示しようと目論《もくろ》んだ二代将軍秀忠の思いとは裏腹に、彼らは、壮大な大坂城に豊臣秀吉のイメージを重ねた。

小天守台の黄金水井戸の底には、秀吉が水の毒気を抜くため黄金の延べ板を沈めてあるといい、大坂城の石垣には加藤清正の桔梗《ききょう》紋や、石田三成の「大一大万大吉《だいいちだいまんだいきち》」といった秀吉家臣の家紋が刻まれていると語った。譜代大名や旗本たちの間で、さまざまな秀吉伝説がまことしやかに語られるようになったのである。

「婆々畳」「禿雪隠」などが記された『金城聞見録』(個人蔵)

大阪城本丸南側の空堀　大阪市中央区・大阪城

それとともに、大坂城内では、「暗闇《くらやみ》の間《ま》」「明半《あけかけ》の間」「禿雪隠《かむろせっちん》」「婆々畳《ばばあだたみ》」「不開《あかず》の炉《いろり》」「ジジイ雪隠」「壁に塗り込められた葛籠《つづら》」「誰も寝ざる寝所」「化物《ばけもの》屋敷」など、たくさんの怪談も語り継がれるようになった。

本丸周囲の内堀は南側が水の入らぬ空堀となっているが、そこには夏の夜、雨が降るとしばしば「陰火」が現れたという。「陰火」とは、この世に未練を残して亡くなった人の執念が形を現したものと信じられたが、大坂城の場合は、大坂夏の陣の際に豊臣方将士の流した血が空堀の土中深くに染み込み、そこに雨が降り注ぐことで生じるのだといわれた（『金城聞見録』）。

大番頭として大坂城に着任した常陸《ひたち》国麻生《あそう》藩主新庄直規《しんじょうなおのり》は、彼の在任中、城中にいると、深夜にしばしば多くの将兵が争う声やけたたましい人馬の喧騒《けんそう》を耳にしたという。直規は、この「乱争の声」について、未だ浮かばれない豊臣方兵士の魂が大坂城内に残っており、時折、そうした形で姿を現すのであろうと理解したと語っている（『甲子夜話』巻九）。

二の丸にあった西大番頭の屋敷の庭には「胎衣松《えなのまつ》」と呼ばれる松があった。高さは一丈（約三・八メートル）ほどであったが、横は十間（約一八メートル）にも及ぶ大木で、地面を這《は》うように広がっていた。ある時、主君である大番頭の命を受け、家臣が大きな枝を一つ伐り落としたところ、その夜、家臣の夢の中に衣冠に身を正した貴人が現れ、「我こそは豊臣秀頼である。今日、そなたが伐った松のたもとには私の胎衣が埋めてある。今後は、この旨を皆に伝えて枝を一本たりとも伐ることのないようにせよ」と告げたという。「胎衣」とは、胎児を包んだ卵膜と胎盤のことで、生まれた赤子の身体の一部、霊魂の一部とみなされ、屋敷の吉方に大切に埋める習慣があった。驚いて目を覚ました家臣は、主人にこれを伝え、以後毎月朔日と十五日、二十八日にはお神酒《みき》を松に供えるようになったという（『金城聞見録』）。

豊臣秀頼の「胎衣松」があった西大番頭屋敷跡
大阪市中央区・大阪城

大坂城代の上屋敷には「明けずの間」と呼ばれる一室があった。この部屋は、大坂夏の陣で落城して以来、そのままに放置されているといわれ、ずっと閉ざされた状態であった。戸の一部が破損しても、すぐにその上から板を打ちつけて塞《ふさ》いだほどで、一度たりとも開かれたことはなかった。この部屋は、落城の際、城中の女性たちが自害し果てたところとされ、今なお部屋中に成仏《じょうぶつ》できぬ幽魂がさまよって

大坂城代の上屋敷があった西の丸庭園。手前は城代屋敷の井戸。　大阪市中央区・大阪城

おり、部屋に侵入すれば必ずその者の身の上に災いが降りかかり、部屋の前で横になっただけでも恐ろしい目に遭うといって、恐れられたという（『甲子夜話』巻二十二）。

この「明けずの間」の話は、享和二年（一八〇二）から同四年にかけて大坂城代の任にあった山城国淀城主の稲葉正諶《いなばまさのぶ》が江戸城で語ったものであるが、これを聞いた昌平坂《しょうへいざか》学問所の林大学頭《はやしだいがくのかみ》は、「今の坂城《はんじょう》（大坂城）は豊臣氏の旧に非ず。（元和）偃武《えんぶ》の後に築改《きずきあらため》られぬ。まして厦屋《かおく》（家屋）の類は勿論皆後の物なり」と一笑に付した。

そもそもこうした怪談が語られたのは、江戸時代の大坂城を豊臣大坂城と勘違いしたことが原因であった。さらにいうと、豊臣家を滅亡させたことに対するうしろめたさが、彼ら譜代大名や旗本たちの間で共有されていたからこそ、亡霊や妖怪が見えたのであろう。亡霊たちの正体は、彼らの心中深くに存在した罪悪感であったに違いない。

〈参考文献〉

北川央著『大坂城と大坂の陣―その史実・伝承』（新風書房、二〇一六年）
北川央著『なにわの事もゆめの又ゆめ―大坂城・豊臣秀吉・大坂の陣・真田幸村―』（関西大学出版部、二〇一六年）
北川央「大坂城と城下町大坂―豊臣から徳川へ」（懐徳堂記念会編『大坂・近畿の城と町』和泉書院、二〇〇七年、のち同著『大坂城と大坂・摂河泉地域の歴史』に再録、新風書房、二〇二二年）
北川央「怨霊と化した豊臣秀吉・秀頼」（『怪』四一、KADOKAWA、二〇一四年。のち同著『大坂城をめぐる人々―その事跡と生涯』に再録、創元社、二〇二三年）
北川央「秀吉の神格化」（堀新・井上泰至編『秀吉の虚像と実像』所収、笠間書院、二〇一六年）

第六章　江戸時代の豊国分祀

はじめに

豊臣秀吉を祀る豊国社《ほうこくしゃ》は、彼の亡くなった翌年の慶長四年（一五九九）四月十七日に「豊国《とよくに》大明神《だいみょうじん》」の神号宣下《せんげ》をうけ、さらに翌十八日に正遷宮《しょうせんぐう》の儀が執行されて京都・東山の阿弥陀《あみだ》ケ峰《がみね》麓に成立した。この本社成立後あまり時を経ずして、同年十一月二十九日付判物（『大日本古文書』家わけ第十三　阿蘇文書之三第三　西巌殿寺文書四〇八号）の中で加藤清正が「為冥加豊国大明神を当分領中へ灌頂（勧請）可申覚悟候」と述べたように、秀吉恩顧の大名領内や秀吉ゆかりの地に分霊が迎えられて相当数の豊国分祀が成立したらしい。ところが大坂夏の陣で豊臣家が滅ぶとともに破却を命ぜられた豊国本社同様、先の清正によって勧請された肥後・豊国社について梵舜が「次肥後国之新豊国之社家石見、扇五持来、今度当国之豊国社之事付、肥州モ同事ニ国守ヨリ改易也、依テ此方罷上也」（『舜旧記』元和二年十一月十三日条）と書き留めたように、各地の豊国分祀も廃社等の憂き目を見ざるを得なかったらしい。

こうした中、例えば近江・長浜では神体を密かに保管し、長浜八幡宮境内に表向きは〝恵美須宮〟と偽って祭祀を続けてきたと伝えられ、加賀・前田家の金沢でも〝卯辰山山王社〟という社号で江戸時代を乗り切ったと伝えられてきた。また津軽家では、弘前城北の郭東南隅の稲荷社内で稲荷神像の背後に隠して秀吉木像を祀り、江戸時代を通じて「あけずの宮」として一度も開扉されることがなかったという。

このように豊臣家滅亡後は全く破却されて姿を消してしまうか、あるいは表面上は別の神格をたて地下に潜って祭祀を続けるか、いずれにせよ正面切って豊国社として存続し続けるのは不可能であったというのが元和年間（一六一五～二四）以降の豊国分祀に関する通説的見解であり、筆者もまたかつてそうした文脈で記述した経験をもつ（北川央「神に祀られた秀吉と家康」）。承応二年（一六五三）段階で「市成といふ所湖水の辺に豊国大明神の古廟あり、今は参り通ふ人もなけれども祠宇猶ほ存せり」（『懐橘談』）と記された松江・豊国社や「豊国大明神社御建立並寺社由緒事（中略）然ルニ慶長廿乙卯当将軍家ノ御代ト成リタルニ因リ連々社破壊スルトイヘトモ御修覆ヲ加ヘラルゝ御沙汰ナク豊林寺共ニ自然ト退転シ」（『阿陽忠功伝』）と記された阿波・豊国社のように自然に朽ち果てるまで荒廃にまかせた例も知られるが、これも破却同様、廃社になった故のことであろう。

ところが、豊国分祀について個別に調査を進め関連史料を収集して行く過程で、必ずしもそうした通説どおりの展開を見せるものばかりでないことがわかってきたので、本章ではそれらをいくつか例示させていただき、今後の豊国社研究の一助としたいと思う。

醍醐寺三宝院の豊国社

まずは醍醐寺三宝院境内の豊国明神社について。

秀吉時代醍醐寺座主《ざす》の地位にあった義演《ぎえん》は、秀吉の信任厚く、秀吉庇護のもとで応仁の乱以降荒廃したままであった同寺伽藍の復興をなし遂げた。義演はこうした厚恩に報謝すべく、慶長九年の秀吉七周忌に際して

敬白
　請諷誦事
　　三宝衆僧御布施一裹
右奉為豊国大明神倍増威光諷誦所修如件、敬白、
　慶長九年八月十日　　准三宮義演

と、結縁灌頂を斎行したことなどが知られるが（『義演准后日記』慶長九年八月八日条）、具体的日時は明らかでないにしろ醍醐寺内にも秀吉を祀る豊国分祀が成立したらしい。こんにち同寺に遺される秀吉画像（『千百年の神秘　密教美術と桃山の粋　醍醐寺展』出品番号三三、『津観音大宝院の名宝展』出品番号二六）、秀頼八才の自筆神号「豊国大明神」（『豊大閤真蹟集』九八号）なども筆者はこの豊国分祀とゆかりの深いものと考えているが、現在同寺の三宝院庭園内には厳然と豊国明神社の小祠が存在している。そしてこの小祠の内部には「御神体御箱」と墨書された長方形の木箱が入っていて、さらにその中には「伝ニ曰ク豊国秀頼八歳ノ時建立」「旧記ナシトイエドモ拠ルベキトコロアリ」「今年今月今日新造、小廟ニ鎮座」「文化八年三月一日、醍醐寺座主前大僧正法印高演謹識」などとしたためられた木札が納められているとのことであるから注目に値する（津田三郎『秀吉・英雄伝説の軌跡』）。これにより、少なくとも文化八年（一八一一）三月一日という時点で醍醐寺では小祠といえども豊国大明神を祀る社殿を復興していたことが知られるのであり、通説に一石を投じてくれるのである。

広島・国泰寺の豊国社

次に広島・国泰寺《こくたいじ》内に存在した豊国社について。

この国泰寺内の豊国社についても、昭和二十年の原爆で同寺が灰燼に帰してしまうまでは存続しており、昭和十三年の近藤喜博氏の研究でも触れられている（近藤喜博「豊国大明神の分祀に就いて」）。同寺は文禄三年（一五九四）安国寺恵瓊《あんこくじえけい》の開基になり、はじめ安国寺と称していたが、関ヶ原合戦の後広島に入封した福島正則によって秀吉の法号「国泰寺殿前大閤相国雲山俊龍大居士」に因《ちな》んで寺号を国泰寺と改めたと伝えられる（『知新集』『芸藩通志』）。この時国泰寺と寺号を改めた理由について『知新集』は、恵瓊の段階で既に寺中に秀吉を祀る「御霊屋《おたまや》」があって国泰寺とはもともとこの御霊屋の号であったのだと述べているが、同史料には、当時同寺境内にあった豊国社について、

一豊国社　四尺四方、拝殿　九尺に二間、木鳥井（マヽ）　幅六尺、
豊国大明神木像　御長五寸、同尊牌、
　表
国泰寺殿雲山俊龍大居士
この御社ハもと豊臣太閤の霊廟にて慶長年中安国寺恵瓊造立せしを、後にかの霊廟をハ意足院にうつし、其跡へこの御社を営ミけるよしなれと、年月詳かならす、意足院ハ今

の嶺雲院にて、同院本堂則かの霊廟の名残なり、さてこの拝殿明和四年丁亥三月再建し上梁の文左のことし、

名高大唐　威震扶桑　有忠有義
靡将征羌　成帝賜謚　霊徳増光
借匠工手　革社廟荒　咦

上梁文
豊国大明神遷宮神其垂照鑑　永鎮護宝坊
維時明和四歳丁亥　現国泰十四世癡菴竦識
春三月十八日　　泰道副寺宰之

石燈籠
銘
勅謚豊国大明神
当寺開基国泰寺殿前太閤相国雲山俊龍大居士
廟前
享保辛亥仲秋十八日

当山八世道堪誌

という記述があって、同史料が完成した文政五年（一八二二）段階では間違いなく同寺境内に豊国社が存在し、それは恵瓊が建てた秀吉の御霊屋を意足院に移建した後、その跡にあらためて社殿を建立したものであること、また明和四年（一七六七）三月十八日には荒れはてた拝殿を再建し、上梁には秀吉を讃える文まで記していること、さらには享保十六年（一七三一）八月十八日銘の石燈籠までが社前にたてられていた事実などを我々に教えてくれるのである。ちなみに八月十八日は秀吉の祥月命日である。

以上の二例よりしても、江戸時代を通じて存在し続けた豊国分祀のあったことはもはや動かしがたい事実であると思われるが、さらにあと一例を追加しておきたいと思う。

大坂・珊瑚寺の豊国社

さて、大阪府岬町多奈川谷川の理智院は、秀吉の弟秀長のもとで和歌山城代をつとめ、秀長の死後紀州和歌山で二万石、さらに和泉谷川において一万石を領した桑山重晴によって慶長十年に再建されたと伝えられるが（『大阪府全志』巻之五）、現在同院にはこの重晴の木像とともに、

豊臣秀吉木像（兵庫・宝樹院蔵）

慶長期の作品と考えられる菊桐蒔絵の施された厨子入の秀吉木像（大阪市立美術館『日本・中国・朝鮮に見る　一六世紀の美術』出品番号二六〇、大阪城天守閣『特別展秀吉の書と肖像』出品番号六七）ならびに秀頼八才の自筆神号「豊国大明神」（『豊大閤真蹟集』一〇五号）が伝存する。筆者はこれを、『和泉名所図会』が「谷川湊（吹飯の南にあり。この地の領主桑山法印氏勝、慶長年中始めて湊を掘って渡海の船泊とす。法印、食禄を太閤秀吉公に受けて恩恵を蒙る。ゆゑに、湊の西の山に祠廟を建てて主恩を謝す。これを豊国山といふ。秀頼公、十二歳にして自ら豊国大明神の五字を書して法印に賜ふ。今、理智院にあり。……）」とか「宝樹山光明寺理智院（中略）秀吉公像（本堂の奥社内に安置す。長一尺ばかり。面貌、隆準竜顔にして凡ならず。威風凜々たる尊像なり。初めは豊国山祠廟の神体なりしを、元禄年中、火災の後、当寺に遷す。すなはち当山も桑山法印が再興の地なり。……）」などと説くように、かつて同地に存在した豊国分祀ゆかりのものと考えているが、近年兵庫県尼崎市の宝樹院からこの理智院と全くといってよいほど瓜二つの秀吉木像（大阪城天守閣『生誕四〇〇年記念　豊臣秀頼展』出品番号三五）・重晴木像（大阪城天守閣『生誕四〇〇年記念　豊臣秀頼展』出品番号三六）が発見され驚かされた。これまた未知の豊国分祀の存在を示唆するものかと筆者は考えているが、同院について『摂陽群談』は、「宝集院　武庫郡東大島村にあり。天正年中、桑山法印再建、本尊弁財天は、羽柴秀吉公帰依仏也、豊臣公の影像法印の自像、各殿内に置り。」、また『摂津名所図会』も「宝集院（東大島村にあり。天正年中桑山修理大夫再建。太閤秀吉公影像・桑山法印像、ともに仏殿に安ず）本尊弁財天（秀吉公の御帰依仏なり）」と記すのみで、現在同院にも秀吉木像が同院に祀られていることについてこれを越える内容を持つ史料は全く存在しない。

ところで、『紀伊続風土記』には桑山重晴が和歌山の和歌浦天満宮の地にも豊国大明神を祀ったとの記述があり、何故か桑山重晴がいくつかの豊国分祀成立に関与したと伝える史料は多い。

焼失前の珊瑚寺・豊臣秀吉木像

大阪市天王寺区の珊瑚寺《さんごじ》もやはり慶長三年二月桑山重晴によって本堂が再建されたとの由緒を伝え、不幸なことに昭和五十五年火災により焼失したが、菊桐蒔絵の施された厨子入の秀吉木像を伝えていた。本木像について、『摂陽群談』は「珊瑚寺　東生郡天王寺々町にあり。（中略）関白秀吉公影像あり、桑山法印造立たり」、『摂津名所図会』は「珊瑚寺（中略）秀吉公尊像（長八寸ばかり。五十七歳の影なり。桑山修理太夫の寄附。……）」、『摂津名所図会大成』は「豊太閤尊像　同所珊瑚寺ニあり長凡八寸許五十七歳の影なりといふ桑山修理亮重晴の納む所とぞ尤桑山由緒の寺なるが故に一桑山と号す」、また『浪華の賑ひ』は「珊瑚寺（下寺町口縄坂《くちなわざか》を上る左側にあり）一桑山と号す。また、三五寺とも書けり。桑山法印（俗称修理と云ふ）造立なり。豊臣秀吉公の影像あり」と、それぞれ記している。

『大阪府全志』は、この秀吉木像を祀っていた建物についてその名を「大閣《（閤）》堂」と記し、文化四年（一八〇七）重晴の子孫にあたる桑山靭負・桑山左衛門の助成を得て再建されたと記すが、どうやらこの「大閣《（閤）》堂」の称は明治の神仏分離以降のものと思われ、それ以前は『摂津名所図会大成』の挿図に「豊公祠」と記されるごとく、仏様を祀るお堂ではなく神様を祀る祠《ほこら》と認識されていた可能性が高い。

　桑山家は、重晴の嫡孫一晴の代に大和・布施《ふせ》に移封となり、さらに陣屋を新たに築いて藩名を新庄藩と改めたが、四代藩主一尹の代に将軍家の不興を得て除封となった。しかし一尹改易以前に分知をうけた弟一慶・一英の子孫らは新庄藩改易の後も大和国葛上《かつじょう》・葛下《かつげ》郡内に采地をもつ旗本として存続し続け、また重晴の三男貞晴の子孫も同じく両郡内に采地をもつ旗本として存在した（『寛政重修諸家譜』）。先に記した珊瑚寺の「大閣《（閤）》堂」再建にかかわった桑山左衛門は、桑山一慶の曽孫にあたる公穀、その子蝦彦がいずれも「左衛門」を称していることからして（『寛政重修諸家譜』）、これら旗本桑山家のうち桑山一慶の子孫と考えられる。

　ところで桑山家は、大和に転封なった一晴の代に、もともと桑山家発祥の地とされる尾張国海部《あま》郡に鎮座していたという同家氏神を大和国葛下郡弁之庄《べんのしょう》村へ勧請した。これが三歳山《さんさいやま》八幡宮すなわちこんにちの諸鍬《もろくわ》神社である。同社は当初弁之庄村に鎮座したが、延宝八年（一六八〇）北花内村に遷座し、元治元年（一八六四）九月に至り、歴代外の飯豊天皇埴口丘陵

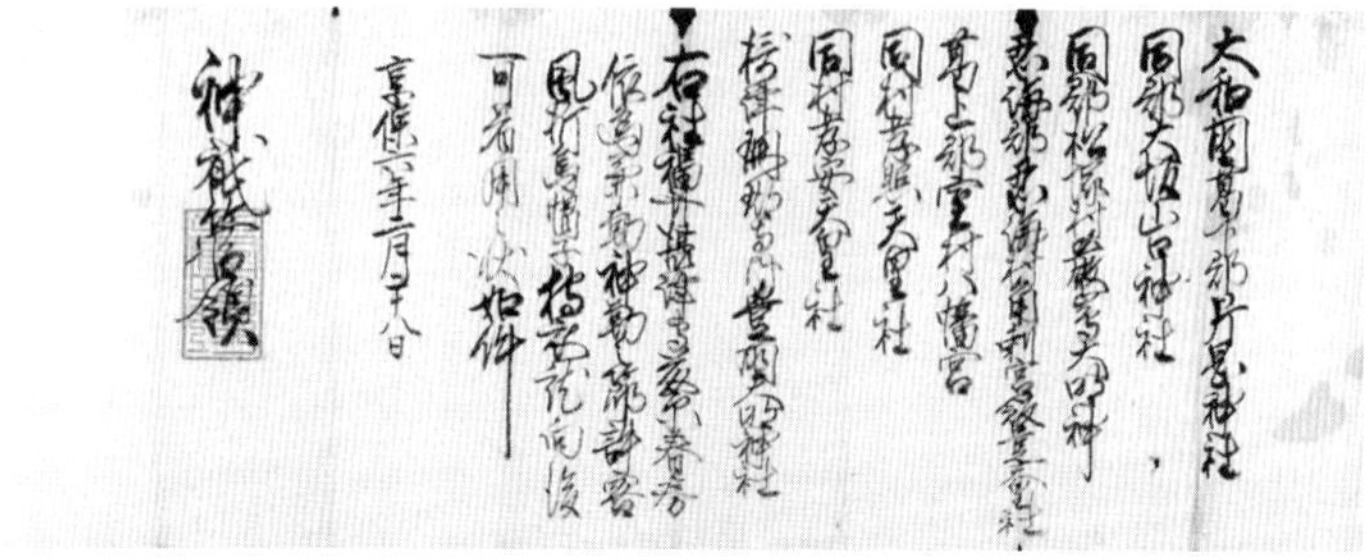

享保６年２月28日付　神道裁許状（諸鍬神社文書）

造営のため、さらに移転を余儀なくされた。ところが、五年を経ても新しい社地さえ定まらぬため、新庄村以下の産子村々と桑山修理・桑山舎人・桑山縁太郎が連名で奈良府に対して歎願書を提出している（諸鍬神社所蔵「奈良府御役所様江箱訴歎願書下書」）。このように、新庄藩改易後も旗本として残った桑山三家と同社とは相変らぬつながりを保ち続けたようである。

　この諸鍬神社の神主を勤めた福井良昇が明治四年（一八七一）三月に書き記した「大和国葛下郡弁之庄村坐　諸鍬山八幡大神社頭取調明細帳　控」（諸鍬神社所蔵）によれば、同神主の「兼勤所」として葛下郡王寺村片岡神社以下九社の名が列挙されているが、その中に「摂州東成郡　蛇坂《くちなわざか》珊瑚寺境内有之正一位豊国大明神社」もその一つとして記されている。先の珊瑚寺境内の「大閤《(閤)》堂」「豊公祠」と同一のものを指すのであろうが、明治に入ってからとはいえ、新政府によって豊国社再興の決定のなされるのが慶応四年（＝明治元年）四月の明治天皇大阪行幸の際で、これに基づき実際に京都・方広寺大仏殿跡地に豊国神社の本社が再興されたのが明治十三年、大阪・中之島に分社が造営されたのがその前年の明治十二年であることよりすると、それより早い明治四年段階で既に「正一位豊国大明神社」が存在していたことはそれだけでも興味深い。けれども諸鍬神社所蔵文書の中にはさらに次のような内容をもつ享保六年（一七二一）二月二十八日付の神道裁許状も存在する。

大和国葛下郡片岡神社
同郡大坂山口神社
同郡松塚村厳島大明神
忍海郡忍海村角刺宮飯豊天皇社
葛上郡室村八幡宮
同村孝照天皇社
同村孝安天皇社
摂津珊瑚寺内豊国大明神社
右社福井摂津守藤原春房

依為兼勤神勤之節許容
風折烏帽子狩衣訖向後
可着用之状如件

享保六年二月二十八日

神祇管領（朱印）

ここにその名の出てくる福井春房は、享保四年四月十五日付の神道裁許状（諸鍬神社所蔵）に「和州葛下郡三歳山八幡宮之祠官福井丹後守藤原春房」と記されているから、当時三歳山八幡宮の祠官を勤めたことが知られる。その福井春房が、明治四年段階で福井良昇の兼勤していた九社のうち、「名柄村南里方天満天神社」を除く八社について既に兼帯していたのであって、その中にやはり「摂津珊瑚寺内豊国大明神社」の名が見えるのである。これにより、江戸時代珊瑚寺内に豊国分祀が存在しただけでなく、その神職が神祇管領長上家の吉田家から公認されていたことをも示すこととなり大いに注目に値しよう。

以上醍醐寺内、国泰寺内、珊瑚寺内の三ヶ所に江戸時代も豊国分祀が存在したことを紹介してきた。前田家や津軽家といった大名家が直接祭祀した豊国分祀と同列に扱うには問題があるにせよ、江戸時代にもこれらが「豊国神社」を名乗って存在し続けたことは厳然たる事実として間違いないと思われる。

ただ、いずれも寺院内に祀られている点が共通し、これが通説でいうところの、豊臣家滅亡後豊国大明神という神号は剥奪され、以後秀吉は「釈法をもて供養すべしと命ぜらる」(「台徳院殿御実紀」元和元年七月九日条所引「武徳編年集成」)という範疇の中におさまる事象なのかどうか、また三代将軍家光・四代家綱の代に幕府でも検討されたという豊国社復興の動き(津田三郎『秀吉・英雄伝説の軌跡』)と何らかの関係があるのかどうか、未だ筆者には明確な解答の持合せがない。今後の研究を俟《ま》ちたいと思う。

おわりに

豊国社に関する研究は、単に宗教政策だけにとどまらず豊臣政権の本質を考える上でも看過できない重要な問題を内包するとして、豊国本社を対象に考察がなされてき、なかでも秀吉の死から本社成立に至る過程には特に注意が払われてきた。

しかしその一方で豊国分祀については、昭和十三年の近藤喜博氏による網羅的研究があるのみで、以後は個々の豊国分祀の盛衰について若干の成果があげられているもののそれらを総体的に論じたものはほとんど見かけない。

もちろん本章とてその域を出るものではないが、例えば冒頭で紹介した慶長四年十一月二十九日付の加藤清正判物は、天正十五年（一五八七）の九州攻めの際に島津側に与《くみ》し秀吉と敵対したため、その科《とが》により社領を召し上げられ、社殿再興も社領復活も認められぬまま秀吉が他界してしまった阿蘇社に対し、まもなく自領内に豊国大明神を勧請する予定であるので、その神慮を問うた上で神領を与えようと述べたもので、阿蘇社への社領宛行《あてがい》が神となった秀吉の意志という形をとって実施されたらしいことをうかがわせる興味深い史料となっている。このように各地に成立した豊国分祀はそれぞれの地域で現実社会への影響力を持ちながら鎮座していたものと推測されるのであり、今後は、豊国本社についてはもとより、これら各地の豊国分祀をも視野に入れた上で豊国社の研究をより一層深めてゆくことが必要であると思われる。

しかしながら、各豊国分祀ともほとんど史料が残っておらず、その具体相を導き出すのは容易なことではない。そうした中で、豊国社の延長線上に位置付けられる東照宮が生み出した各地の分祀については、その興味深い実態がいろいろと明らかになってきた（高藤晴俊『家康公と全国の東照宮』、中野光浩「東照宮信仰の地域的展開とその限界」、同「東照宮信仰の民衆受容に関する一考察」など)。東照宮に関しては、豊国社との連続性、性格上の差異などを充分吟味してかかる必要があるが、東照宮分祀の実態から豊国分祀の機能を捉え直していく、そうした作業も必要ではないかと考えている。

またそのような豊臣政権と豊国社という課題設定とともに、本章でも取りあげたような夏の陣後江戸時代にかけての豊国分祀もやはり問題とされるべきであろう。一般庶民の間に太閤人気を決定的にした『絵本太閤記』を発禁処分にするなど豊臣家に対しては過敏なまでに神経質であったとされる徳川幕府のイデオロギー統制の中で、豊国本社が破却という処置をうけたのち各地の豊国分祀がどのような対応を迫られたのか。本章でみたようにそれは一様なものではなかったらしいが、今後はそれぞれの豊国分祀を性格的にもよりきめ細かく分類した上で、それらがたどった道筋との間にどのような相関関係を見出せるのか考えてみる必要があると思っている。本章がそうした今後の豊国社研究にとって何らかの素材を提供できているのであれば幸いである。

〈参考文献〉

朝尾直弘著『大系日本の歴史　八　天下一統』(小学館、一九八八年)
魚住惣五郎「豊国社破却の顚末」(同著『古社寺の研究』所収、星野書店、一九三一年)
魚住惣五郎「江戸時代における洛東豊国廟」(同著『京都史話』所収、西田書店、一九三六年)
内田九州男・北川央「熊本県芦北郡芦北町・宇土市・熊本市 豊臣時代資料・史跡調査概報」(『大阪城天守閣紀要』二〇、一九九二年)
内田九州男・北川央「福岡市豊国神社・福岡市博物館所蔵資料調査概報」(『大阪城天守悪紀要』二一、一九九三年)
大阪城天守閣『特別展　秀吉の書と肖像』(一九八七年)
大阪城天守閣『生誕四〇〇年記念特別展　豊臣秀頼展』(一九九三年)
大阪市立美術館『日本・中国・朝鮮に見る　16世紀の美術』(一九八八年)
北川央「神に祀られた秀吉と家康—豊国社・東照宮—」(佐久間貴士編『よみがえる中世　二　本願寺から天下一へ　大坂』所収、平凡社、一九八九年)
北川央「〝脳の神さん〟豊臣秀吉—肥後豊国社をめぐって—」(『観光の大阪』四七三、一九九〇年)
近藤喜博「豊国大明神の分祀に就いて」(植木博士還暦記念祝賀会編『国史学論集』所収、植木博士還暦記念祝賀会、一九三八年)
市立長浜城歴史博物館『長浜八幡宮所蔵品展』(一九九一年)
醍醐寺・日本経済新聞社『千百年の神秘　宗教美術と桃山の粋　醍醐寺展』(一九八九年)
高橋修「紀州東照宮の創建と和歌浦」(和歌山県立博物館『紀州東照宮の歴史』図録所載、一九九〇年)

高藤晴俊著『家康公と全国の東照宮―泰平と激動の時代を結ぶ東照宮めぐり―』（東京美術、一九九二年）
津観音大宝院の名宝展実行委員会『津観音大宝院の名宝展』（一九九三年）
津田三郎著『秀吉の悲劇―抹殺された豊臣家の栄華―』（ＰＨＰ文庫、一九八九年）
津田三郎著『秀吉・英雄伝説の軌跡　知られざる裏面史』（六興出版、一九九一年）
中野光浩「東照宮信仰の地域的展開とその限界―相模国足柄下郡今井村の陣場跡東照宮を事例として―」（『駒沢史学』四三、一九九一年。のち同著『諸国東照宮の史的研究』に再録、名著刊行会、二〇〇八年）
中野光浩「東照宮信仰の民衆受容に関する一考察」（『地方史研究』二三七、一九九二年。のち同著『諸国東照宮の史的研究』に再録、名著刊行会、二〇〇八年）
中村博司「豊国神社―太閤忌にちなんで―」（『観光の大阪』三七五、一九八二年）
中村博司「太閤記のさまざま」（渡辺武・内田九州男・中村博司共著『写真太閤記』所収、保育社、一九八三年）
西山克「豊臣『始祖』神話の風景」（『思想』八二九、一九九三年）
播磨良紀「桑山重晴について」（『和歌山市史研究』一二、一九八四年）
播磨良紀「再び桑山重晴について」（『和歌山市史研究』一五、一九八七年）
藤井貞文「豊国神社再興始末」（『国史学』九、一九三一年）
藤岡道也「豊林・豊国の文献資料」（『郷土研究発表会紀要一四　総合学術調査報告　小松島』（一九六九年）
藤目正雄・藤岡道也「豊林・豊国の旧址について」（『郷土研究発表会紀要一四　総合学術調査報告　小松島』（一九六九年）
藤島益雄著『新日吉神宮と豊国社頽廃後その神躰の行方と樹下社の創建』（新日吉神宮、一九七〇年）

三鬼清一郎「豊国社の造営に関する一考察」(『名古屋大学文学部研究論集』史学三三、一九八七年。のち、同著『織豊期の国家と秩序』に再録、青史出版、二〇一二年)
『別冊歴史読本　伝記シリーズ八　豊臣秀吉　その絢爛たる一生』(新人物往来社、一九七六年)

第七章　豊臣秀長——幻の関白

秀吉との関係

戦国の世に終止符を打ち、天下統一の覇者となった豊臣秀吉。彼には三人の兄弟があった。

土屋知貞（一五九四〜一六七六）の著した『太閤素生記』によると、秀吉の父は木下弥右衛門といい、尾張国中中村（名古屋市中村区）の人で、織田信長の父信秀の鉄砲足軽を務めたが、戦場で傷を負い、そのため故郷の中々村に戻って百姓になったのだという。母（大政所）は尾張国御器所《ごきそ》村（名古屋市昭和区）の出身で、弥右衛門に嫁ぎ、秀吉とその姉（瑞龍院日秀《ずいりゅういんにっしゅう》）を生んだが、夫弥右衛門が秀吉八歳のときに亡くなったため、女手ひとつで二人の子を育てて

豊臣秀吉生誕地と伝えられる常泉寺　名古屋市中村区

大政所画像（京都・大徳寺蔵）

いた。そんなとき、中中村の出身で織田信秀の同朋衆であった竹阿弥《ちくあみ》が病気になって帰ってきたので、村人たちの世話で、この竹阿弥が後家となっていた秀吉の母に婿入りしたのだという。そして、「男子一人女子一人、秀吉ト種替リノ子ヲ持ツ」「大和大納言（秀長）、幼時、竹阿弥子タルニ依リテ小竹ト云シ」とあるから、秀長と妹の旭《あさひ》（南明院《なんめいいん》）は秀吉の母が竹阿弥との間に生んだ子で、秀吉と秀長とは父の異なる兄弟だったということになる。

真田増誉（?～一七〇七）の『明良洪範』にも、「弥右衛門後家、子猿之助（秀吉）を連れて、織田家の同朋衆竹阿弥に再嫁す。其後、男子を生む。小一郎と云。後年、大和大納言秀長是也。其後、女子を生む。此女子、後年、家康公に嫁し、浜松城へ入輿す。病死して、南明院殿と称す」とあり、これまた秀長と旭の二人は秀吉の異父兄弟であると記す。

そして、江村専斎（一五六五～一六六四）の『老人雑話』には、「太閤の別種同腹の弟を大和大納言殿と云。大和・紀伊・和泉三ヶ国に封ず。初め志津嶽（賤ヶ岳）の合戦、中川敗死の時、見ながら救わず、首尾あしく、太閤怒て諸大名の座中にて、身と種ちがったりと宣《のたま》ふとぞ」という逸話が紹介される。

ところが、これに異を唱えたのが豊臣秀吉研究の泰斗・故桑田忠親氏で、秀吉の姉・瑞龍院日秀の菩提寺である京都の瑞龍寺が提出した「木下家系図」には秀吉の父が「天文十二年

（一五四三）癸卯一月二日逝去」と記されており、秀長は天文九年、旭は同十二年の生まれであるから、ともに弥右衛門の子であり、秀吉と秀長は父母を同じくする兄弟であるとの見解を示した（『豊臣秀吉研究』）。

他に、地元の伝承に基づいた異説も唱えられている（瀧喜義「秀長は誰の子か」）。それによると、秀吉の母は、夫弥右衛門が戦傷で不自由な体になって働けないため、子供二人を抱えて生活が成り立たず、弥右衛門の生前に竹阿弥と再婚し、秀長と旭が生まれたというのであるが、いずれにせよ、秀長が秀吉にとってただ一人の弟であることにかわりはない。

輝かしい戦歴

秀長は少壮の頃から兄秀吉に仕え、各地を転戦したと考えられるが、『信長公記』に初めてその名が現れるのは天正二年（一五七四）七月に行なわれた伊勢・長島の一向一揆との戦いの時で、織田信長直属軍の中に「木下小一郎」の名が挙げられ、浅井新八郎（信広）とともに篠《しの》橋《はし》砦から討って出た一揆勢相手に勇敢に戦っている。

天正五年十月には、秀吉が信長から播磨攻めを命ぜられたため、秀長もこれに従うこととなったが、播磨の諸将から速やかに人質を徴することに成功すると、秀吉は一気に但馬に攻め込み、たちまち朝来《あさご》・養父《やぶ》の二郡を占領した。秀長は竹田城に入って城代を務めることになり、占領地支配を委ねられた（『信長公記』）。

ところが翌年、播磨では、三木城主の別所長治が毛利家と結び織田家から離反したため、秀吉は三木城を攻め、秀長もこれに従った。天正八年正月に別所長治が切腹し、三木城が落城すると、秀長の軍勢は瞬く間に但馬全域を制圧した（『信長公記』）。

秀長はさらにその後山陰道を因幡に進み、翌九年十月には秀吉のもとで鳥取城を攻め落とす。翌天正十年には、秀吉の備中高松城攻めに参加し、本能寺の変後の明智光秀との山崎合戦では、天王山占拠軍の大将を務めた（谷口克広『織田信長家臣人名辞典』）。

天正十一年四月の賤ヶ岳合戦においても、秀吉に従って活躍し、論功行賞の結果、同年八月一日には秀吉から播磨・但馬二ヶ国の守護に任ぜられ、それまでは秀吉の中国経略の拠点であった姫路城が秀長の新たな居城とな

竹田城跡　兵庫県朝来市

和歌山城　和歌山市

った（『柴田合戦記』）。

同十二年には織田信雄・徳川家康連合軍との小牧・長久手合戦に参加し、秀吉の「名代」として秀長が信雄との交渉に臨んでいる（「根岸文書」）。

同十三年三月の紀州攻めでは副将を務め、平定後、秀長は紀伊・和泉二ヶ国を与えられ、播磨・但馬から国替えとなり、和歌山城が彼の新たな居城となった（『紀州御発向記』）。

続く同年六月からの四国攻めは、当初は秀吉が自ら出陣する予定であったが、病気になったため、かわって秀長が総大将を務め、八月六日には長宗我部元親を降伏させた。その間には、病から快復した秀吉が自ら渡海の意志を伝えてきたが、秀長は、今ここで秀吉に出陣されては、せっかくこれまで奮闘してきた自分の面目が失われ、秀吉自身の威光にも傷がつくので、ここは自分に任せて欲しいと手紙を書き送り、秀吉の親征を思い止まらせている（『四国御発向并北国御動座記』）。そしてここでも、秀長は秀吉の「名代」として、長宗我部氏との折衝を行ない（「藤堂文書」）、降伏後、長宗我部氏は秀長の幕下に属することとなった（『四国御発向并北国御動座記』）。

この四国攻めの結果、同年閏八月に秀長は新たに大和国を与えられ、居城を大和郡山城に移

郡山城跡　奈良県大和郡山市

大納言塚（豊臣秀長墓）　奈良県大和郡山市

した。さらに伊賀の一部も加えられてその総石高は一〇〇万石にも及ぶといわれ、豊臣一門中最大の大名となったのである（播磨良紀「豊臣政権と豊臣秀長」）。

天正十五年の九州攻めでは、筑前から肥後へと進む兄秀吉に対して、秀長は豊後から日向へと進む東回りルートの総大将を務め、逸早く敵将・島津義久を降服させ、戦後処理も秀長が秀吉から任された（『旧記雑録後編』二）。その後、秀長は病を得て、しばしば体調を崩すようになり、天正十八年の小田原攻めには参戦できず、翌十九年正月二十二日に五十二歳で亡くなった。したがって、九州攻めが彼の最後の軍事行動となった。

華やかな経歴

先に紹介した『太閤素生記』によると、秀長は幼少の頃、「小竹」と称したとのことであるが、現存文書によると、最も古い天正二、三年頃の文書には「木下小一郎長秀」と署名している。そして、兄秀吉が苗字を「羽柴」に改めたのにともない、天正三年十一月には「羽柴小一郎長秀」を名乗ったことが確認され、賤ヶ岳合戦後の天正十一年五月頃に「美濃守」に任官し、翌天正十二年六〜九月の間に、諱を「長秀」から「秀長」に改めている（小竹文生「羽柴秀長文書の基礎的研究」）。

四国平定後の天正十三年九月四日には従三位中将となり、十月四日には参議、翌十四年十一月五日には権中納言へと昇進を重ね、同十五年八月八日には従二位権大納言となって、世に「大和大納言」と称せられるようになった。

兄秀吉の方は、天正十三年七月十日に従一位関白となっており、同年九月九日には朝廷から「豊臣朝臣」の氏姓を新たに賜った。これにより、秀長も「豊臣朝臣」を称するようになった。

そして、天正十六年四月に行われた後陽成天皇の聚楽第行幸の直前には徳川家康・豊臣秀次とともに「清華《せいが》家」に加えられている（『中山家記』）。

清華家とは摂関家に次ぐ公家の家格で、その下には「羽林《うりん》家」「名家」が続く。清華家は摂政・関白にはなれないものの、太政大臣までは昇進可能な家柄で、俗に「七清華」と呼ばれ、久我《こが》・転法輪三条《てんぽうりんさんじょう》・西園寺《さいおんじ》・徳大寺《とくだいじ》・菊亭《きくてい》・花山院《かさんのいん》・大炊御門《おおいみかど》の七家がこの家格に列した。

秀吉は豊臣政権下の大名をこうした公家の家格秩序を利用してランク付けし、秀吉の豊臣本家が、近衛《このえ》・鷹司《たかつかさ》・九条・二条・一条の「五摂家」に並ぶ摂関家で、秀長・秀次らの豊臣家の分家は、秀吉にとっては主筋にあたる織田信雄や前将軍の足利義昭らとともに清華家とされたのである（矢部健太郎「豊臣『武家清華家』の創出」）。

その後、同じ天正十六年の七月には毛利輝元、八月には上杉景勝、同十九年正月には前田利家、文禄五年（＝慶長元年、一五九六）五月には小早川隆景がそれぞれ清華家に加えられ、豊臣政権の五大老クラスの大々名がこの清華家に列することになるが、官位・石高・家格全てにおいて豊臣一門中では秀長が筆頭で、「天下人」秀吉のもと、秀長は、豊臣政権下最大の外様大名である徳川家康に対する位置にあった。

天正十四年のことであるが、奈良・興福寺の学僧である多聞院英俊は、「一揆ノ世」になったことを嘆き、今に、「秀吉ハ王（天皇）ニナリ、宰相殿（秀長）ハ関白ニナリ、家康ハ将軍ニナル」のではないかと予測している（『多聞院日記』）。当時の秀長の権勢が、秀吉・家康のそれとともにどれほど絶大であったかがよくわかる。

秀長はまた、新たに豊臣政権に服属した各地の有力大名などが秀吉に伺候するため大坂城や聚楽第を訪れた際には、彼らを自邸に招き、丁重に接待している（播磨良紀前掲論文）。

天正十四年四月には、島津氏の圧迫を受けて窮地に陥った豊後の大名・大友宗麟が秀吉に救援を乞うため大坂城を訪れたが、その際の様子を国元の家臣に伝えた宗麟の書状には、秀長が宗麟に対して、「何事も何事も美濃守此の如くに候間、心安かるべく候。内々之義は宗易、公儀之事は宰相、相存じ候。御為に悪しき事は、これあるべからず候」と語ったと記される（『大友家文書録』三）。

よく知られた有名な一節であるが、文中の「美濃守」「宰相」はいずれも秀長のことであり、当時の豊臣政権が秀吉の茶頭である千宗易《せんのそうえき》（利休）と秀長の二人を両輪に運営されていたことが秀長の言葉で語られている。しかも、「内々之儀」が宗益であるのに対し、秀長の方は「公儀之事」であるから、諸大名にとっては、秀長こそが豊臣政権の公式の交渉相手だったのである。

秀長の人物評価

こうした秀長と兄秀吉の関係については、渡辺世祐氏の古典的名著『豊太閤の私的生活』に、「元来秀長は温厚の資を持ってよく太閤を助け、その偉業を成さしめたのであった。太閤は法を用いること厳格、下に臨んで峻然であったが、秀長は寛仁大度の人で、よく太閤の欠点を補った。それゆえ諸大名が秀長に依頼して太閤にとりなしを頼み、よくその安全を得た者が多くあったということである。もし秀長にして寿命を有していたならば、よく国家を安泰ならしめ、豊臣家の天下をして永く継続せしめたことが、あるいはできたかも知れぬと韋脩録には説いてある」と記され、秀吉と秀長は兄弟ではあるものの、その性格・気性は全くの正反対で、それがゆえに互いに欠点を補い合い、政権をうまく運営できたのであるとの考えが示されている。

これはこんにちも一般に共有されているイメージであり、小説やテレビのドラマなどでも、秀吉は天才肌の激情家、秀長の方は冷静沈着な実務家というように、好対照な人物として描き分けられることが多い。

ところで、堺屋太一氏が小説『豊臣秀長　ある補佐役の生涯』を著し、大きな評判となって以来、秀長というと「名補佐役」のイメージが決定的になった。戦国史の研究者である小和田哲男氏も、秀長について、「兄秀吉に常に影のようにつき従いながら黒子に徹している」と述べておられるが（小和田哲男『軍師・参謀』）、これまで記してきた秀長の華麗なる履歴を眺めたとき、私には秀長が自らの存在感を消して「黒子に徹し」たとはとても思えない。むしろ、秀長は天下統一の過程においても、豊臣政権内においても、抜群の存在感を発揮している。

秀吉と秀長は二人三脚で、兄弟力を合せて天下をつかみとり、豊臣政権を築きあげたから、秀長はたしかに秀吉の補佐役であったが、決して匿名の人格ではなく、もうひとりの天下人でもあった。

堺屋氏は先の小説の中で、「『この人（秀長）』は、経歴の古さにおいても、実績の多さにおいても、実力と権力の大きさでも、兄・秀吉に次ぐ存在だった。誰疑うこともないナンバー2だった。だがその故をもって、次期ナンバー1を目指すことはなかった。『この人』の機能は、

豊臣秀長画像（奈良・長谷寺蔵）

『補佐役』であって『後継者』ではなかった。『この人』は、そういう役回りを不満に思いはしなかった。むしろそれを自分の天命と考え、よき補佐役たることに誇りを持っていたことだろう」と述べて、秀長が秀吉後継者の座を望まず、補佐役に徹したことを強調されるのであるが、現実には、天正十四年段階で秀吉が、「日本国内を無事安穏に統治したく、それが実現したうえは、この（日本）国を弟の美濃殿（羽柴秀長）に譲り、予自らは専心して朝鮮とシナを征服することに従事したい」（フロイス『日本史』）と述べている。秀長が天正十九年に病没したため、秀吉が期待した役割は、豊臣一門中の次席であった秀次が果たすところとなり、秀次が豊臣宗家の家督を継ぎ、関白になった。

しかし、この秀吉の発言からすると、実子鶴松が亡くなった時点で、もし秀長が健在であったならば、秀吉は秀長を後継者に指名した可能性が高い。秀長こそは、秀吉の幻の後継者、幻の関白だったのであり、決して「補佐役」のまま人生を全うすることが予定されていたわけではなかったのである。

〈参考文献〉

小和田哲男著『軍師・参謀―戦国時代の演出者たち―』（中公新書、一九九〇年）
桑田忠親著『豊臣秀吉研究』（角川書店、一九七五年）
小竹文生「羽柴秀長文書の基礎的研究」（『駒沢大学史学論集』二七、一九九七年）
小竹文生「但馬・播磨領有期の羽柴秀長」（『駒沢大学史学論集』二八、一九九八年）
小竹文生「羽柴秀長の丹波福知山経営―『上坂文書』所収羽柴秀長発給文書の検討を中心に―」（『駒沢大学史学論集』二九、一九九九年）
堺屋太一著『豊臣秀長　ある補佐役の生涯』上・下（文春文庫、一九九三年）
瀧喜義「秀長は誰の子なのか」（新人物往来社編『豊臣秀長のすべて』所収、新人物往来社、一九九六年）
谷口克広著『織田信長家臣人名辞典』（吉川弘文館、一九九五年。のち第二版、二〇一〇年）
播磨良紀「秀長執政期の紀州支配について」（『安藤精一先生退官記念論文集　和歌山地方史の研究』所収、宇治書店、一九八七年）
播磨良紀「豊臣政権と豊臣秀長」（三鬼清一郎編『織豊期の政治構造』所収、吉川弘文館、二〇〇〇年）
宮野宣康「秀長の領国経営」（新人物往来社編『豊臣秀長のすべて』所収、新人物往来社、一九九六年）
矢部健太郎「豊臣『武家清華家』の創出」（『歴史学研究』七四六、二〇〇一年。のち同著『豊臣政権の支配秩序と朝廷』に再録、吉川弘文館、二〇一一年）
渡辺世祐著『豊太閤の私的生活』（講談社学術文庫、一九八〇年）

第八章　お松とお祢——母になった女人《ひと》と、なれなかった女人《ひと》

お祢の生涯

豊臣秀吉の正室北政所お祢《ね》は、天文十八年（一五四九）に杉原定利・朝日夫妻の娘として生まれ、母朝日の妹である七曲とその夫浅野長勝の養女となった。

永禄四年（一五六一）、十三歳の彼女は、当時織田信長のもとで足軽組頭をつとめた二十五歳の木下藤吉郎（のちの秀吉）と結婚する。その経緯について、『絵本太閤記』はおもしろいエピソードを紹介する。そもそもお祢（『絵本太閤記』では「八重《やえ》」）に対し最初に恋心を抱いたのは前田犬千代《いぬちよ》（のちの利家）で、彼はお祢の父浅野長勝（『絵本太閤記』では「藤井又右衛門」）に娘との結婚を申し入れた。長勝は大いに喜んだものの、肝心のお祢が承知しない。困り果てた長勝は藤吉郎を呼び寄せ、犬千代のもとへ行き、この縁談を断ってくれるよう依頼する。犬千代を承服させるのは容易なことではないと悟った藤吉郎は、一計を案じ、「実は父長勝にも言っていないが、自分とお祢とは既に夫婦《めおと》の約束を交わしている」と全くのでたらめを告げた。こ

『絵本太閤記』の挿絵に描かれた秀吉とお祢との祝言（大阪城天守閣蔵）

れを聞いた犬千代は、「それは当方の不覚」と恥じ入り、自ら媒酌人《ばいしゃくにん》になろうと申し出た。犬千代が主君信長にまでこれを上申したため、引っ込みがつかなくなり、ついに藤吉郎とお祢は結婚することになった、というのである。

『絵本太閤記』の挿絵には、床の間のある立派な座敷で、犬千代が媒酌人となり、祝言《しゅうげん》を挙げる藤吉郎とお祢の様子が描かれている。

利家が秀吉・お祢夫妻の媒酌人をつとめたという史料は、「高徳《こうとく》公（利家）御小禄の時、太閤（秀吉）も小身、互に尾州に被成御座候《ござなされそうろう》。此太閤の奥方は、高徳公の御媒に而御嫁娶」と記す『混見摘写《こんけんてきしゃ》』のように、前田家側にも遺されている。他に『森家先代実録』では、信長の従兄弟名古屋因幡守《いなばのかみ》が媒酌人をつとめたとしているが、実際には、「平姓杉原氏御系図附言」に「政所君、秀吉公に嫁し給ふは実は野合也《やごう》」とあるように、媒酌人を立てた正式な結婚などではなかったと考えるのが、こんにちの通説である。したがって、その婚礼も、『絵本太閤記』の挿絵のごとく立派に執り行なわれたのではなく、お祢自身がのちに語ったと伝えられるように、茅葺《かやぶき》屋根の裏長屋の一室で、土間に簀掻藁《すがきわら》を敷き、その上に薄縁《うすべり》を延べ、盃を交わすというきわめて質素なものであったらしい（『太閤素生記』）。

長浜城　滋賀県長浜市

それはともかく、お祢の夫秀吉は、出自さえ定かならぬ身でありながら、その類稀《たぐいまれ》なる才能を遺憾《いかん》なく発揮して信長に認められ、順調に出世街道をひた走り、天正元年（一五七三）には江北の戦国大名浅井氏滅亡のあとを承けて、北近江三郡の支配を委ねられることとなった。秀吉は翌年から新たな支配の拠点として長浜城を築き始め、翌々天正三年にはここに居を移した。

晴れて城主夫人となったお祢であるが、当時の大名夫

北政所書状　（年月未詳）19日付　こま井次郎さへもん宛（滋賀・総持寺蔵）

人の通例として、彼女も夫秀吉が出陣の際には留守を預かり、政務を差配した（田端泰子『女人政治の中世』）。そうした様子は、お祢付きの侍女こほ宛の年未詳十二月二十二日付秀吉自筆書状などからうかがい知れるが、そんなお祢に生涯最大の危機《ピンチ》が訪れる。夫秀吉の中国出陣中に、明智光秀が主君信長とその嫡男信忠を弑《しい》するという大事件が起こったのである。お祢はこの非常事態に適確に対処し、養子としていた秀俊（お祢の兄木下家定の五男。のちの小早川秀秋）を城下郊外の総持寺に匿《かくま》ってもらい（総持寺文書）、自身は伊吹山中に身を隠して、無事難を逃れた。

その後、夫秀吉は、逆臣光秀を山崎合戦に破り、信長後継者の座をめぐる柴田勝家との賤《しず》ヶ《が》岳《たけ》合戦にも勝利して、ついには天下人となり、全国制覇を成し遂げた。

この間秀吉は、天正十三年七月十一日に従一位関白に任ぜられ、翌年十二月十九日には太政大臣となって、新たに「豊臣」の姓を賜った。同十六年四月十四日には関白公邸聚楽第《じゅらくてい》に後陽《ごよう》成《ぜい》天皇の行幸を仰いだが、この折、同月十九日付で、お祢は「豊臣吉子《とよとみのよしこ》」の名で、従一位に叙せられた。

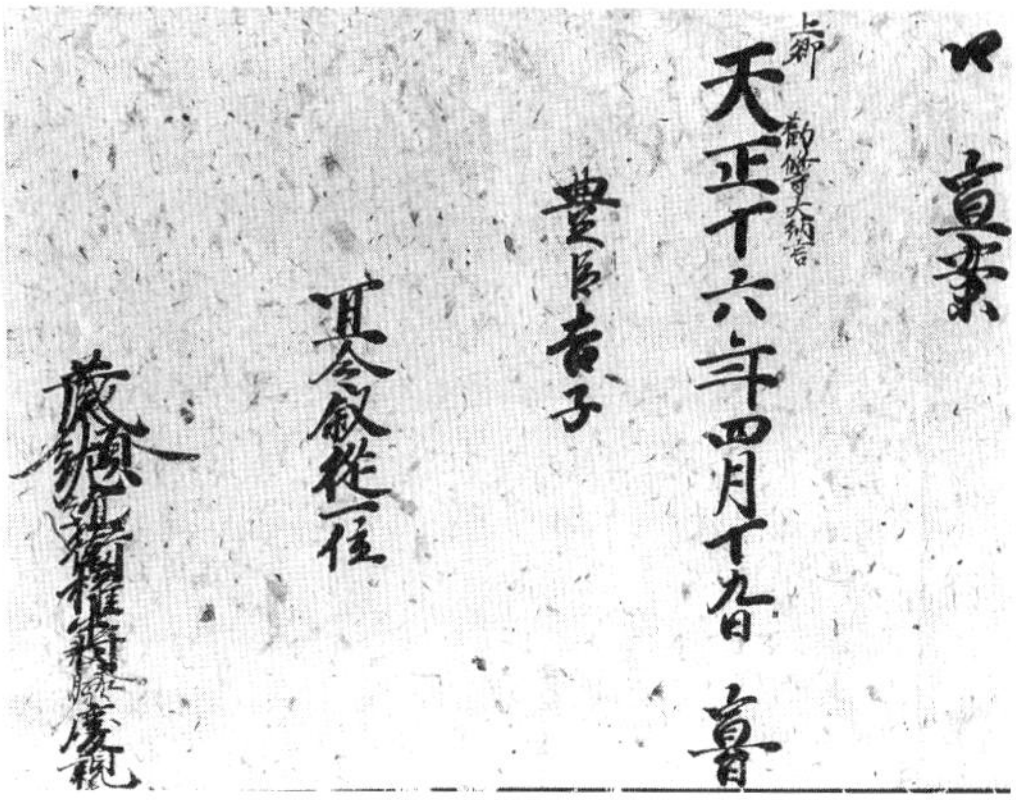
口宣案
上卿 勧修寺大納言
天正十六年四月十九日　宣旨
豊臣吉子
宜令叙従一位
蔵人頭左近衛権中将藤原慶親

口宣案　天正16年4月19日付（京都・高台寺蔵）

天正十九年十二月二十八日、秀吉は甥の秀次（秀吉の姉ともの長男）に関白の座を譲った。太閤となった秀吉は、翌年正月五日、諸大名に朝鮮出兵を命じ、自らも同年三月二十六日に京都を発して、翌月二十五日に肥前名護屋《ひぜんなごや》城に着陣した。この在陣中、お祢は大坂城の留守居をつとめ、黒印状を発給して、京都にいた関白秀次とともに、畿内から肥前名護屋への通信・輸送などを指揮している。

出陣に先立つ天正二十年（＝文禄元年）三月二十三日付で秀吉は朱印状を発し、摂津国平野《ひらの》庄・天王寺《てんのうじ》・

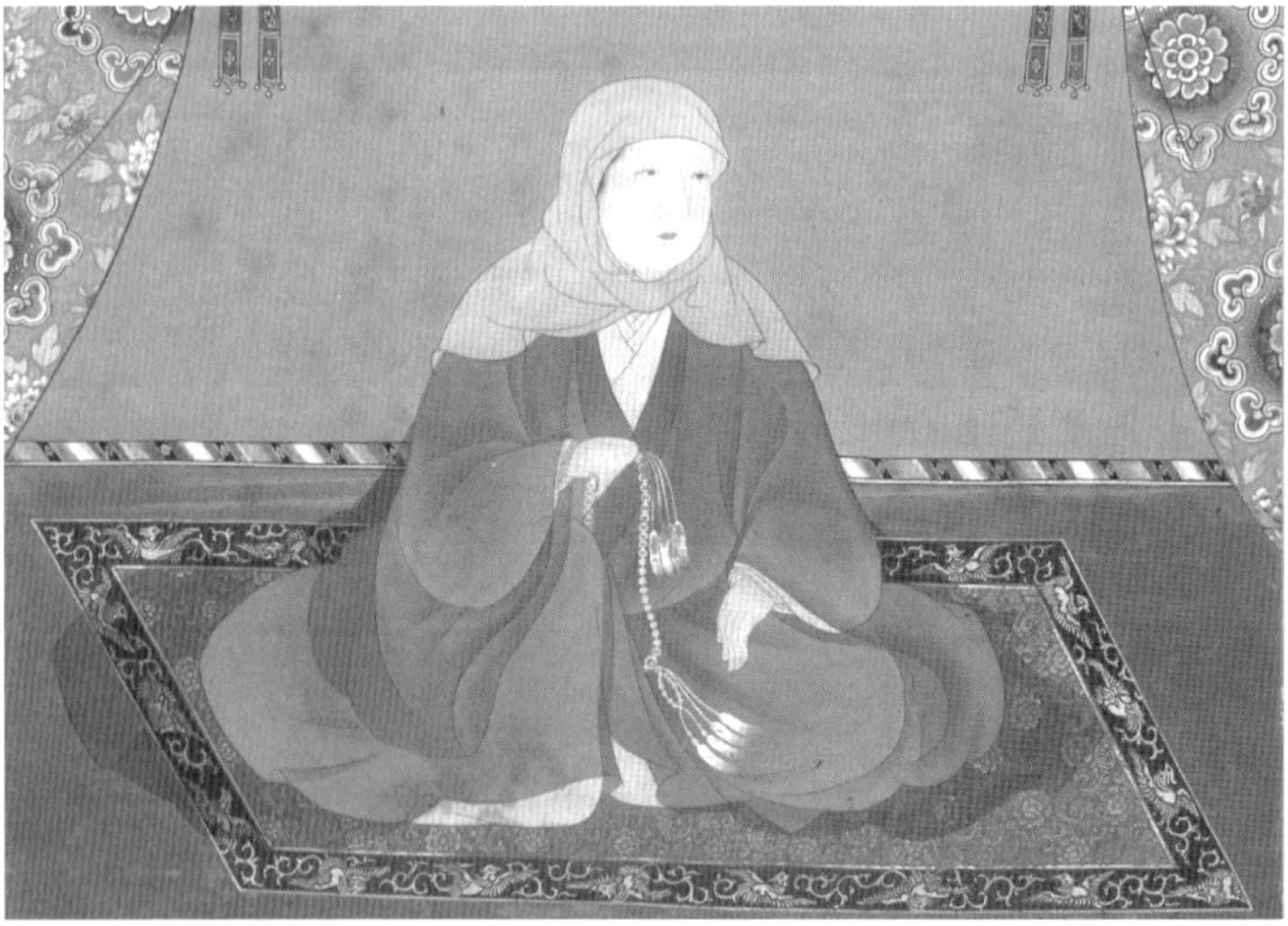

高台院画像（名古屋市秀吉清正記念館蔵）

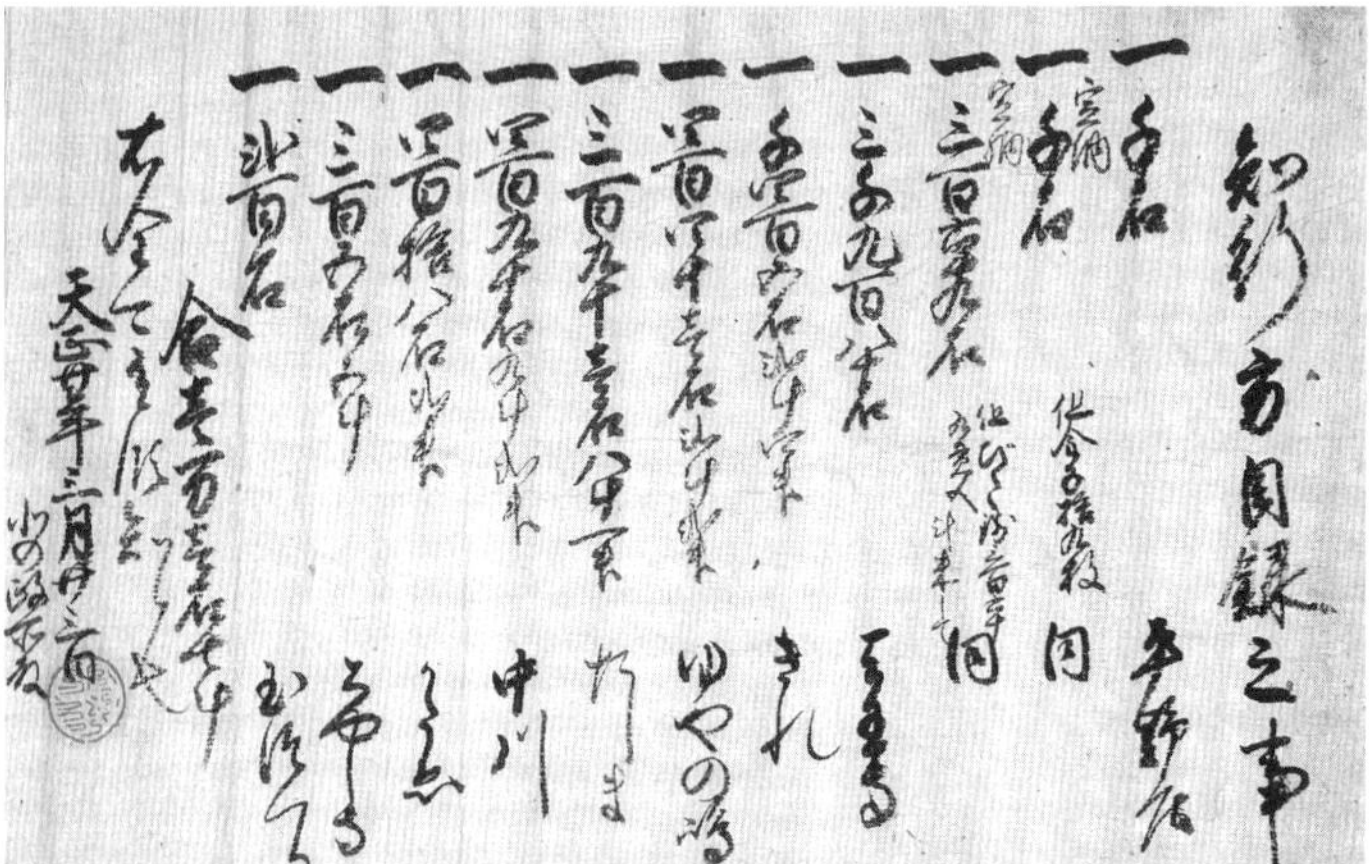

豊臣秀吉朱印状　天正 20 年 3 月 23 日付　北の政所宛

（名古屋市博物館蔵）

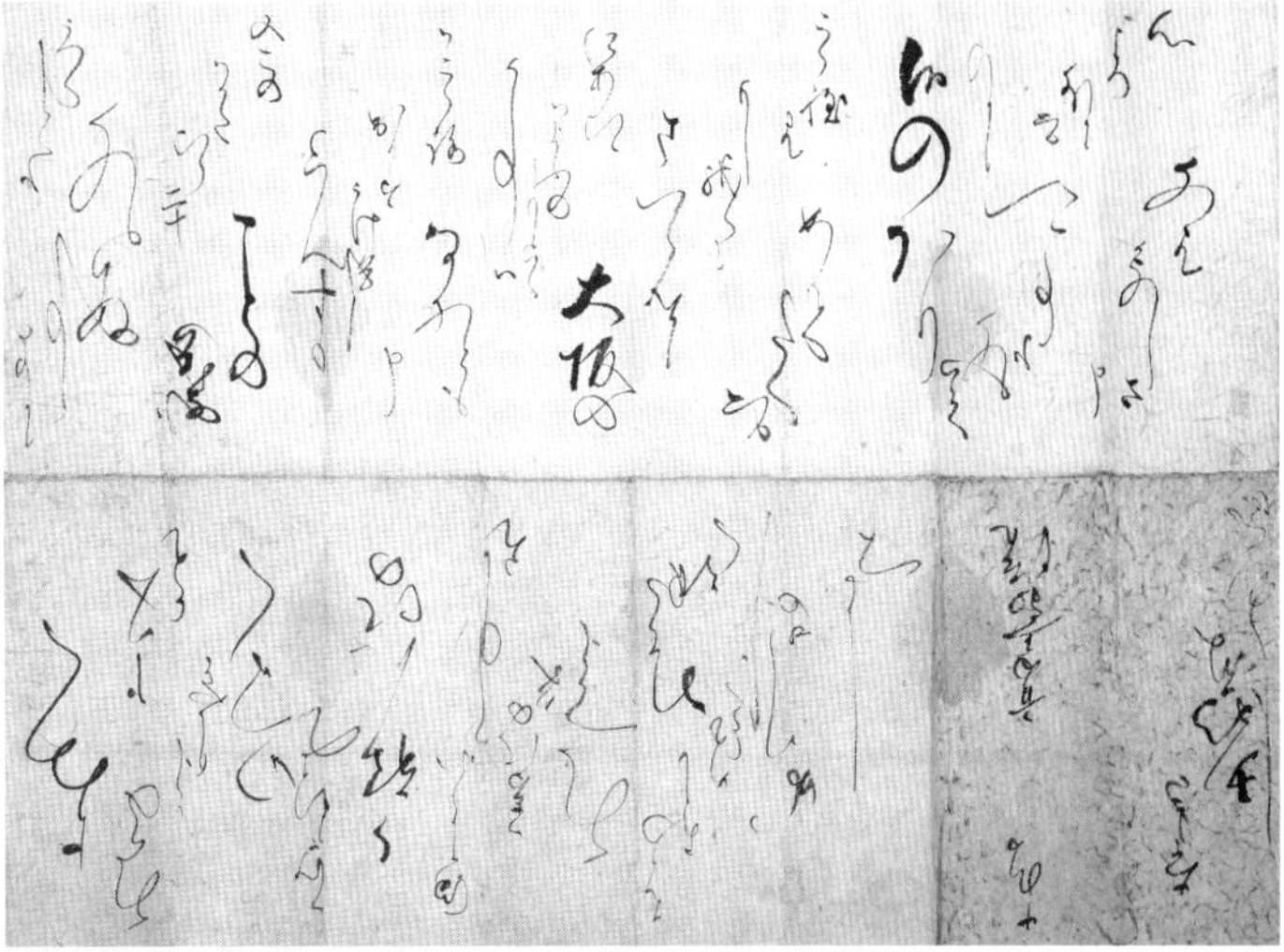

高台院自筆書状　（慶長20年5月）19日付　大崎少将（伊達政宗）宛
（仙台市博物館蔵）

喜連《きれ》など一万石余の所領をお祢に宛行《あてが》った。この所領は文禄検地で一万五六〇〇石余に膨《ふく》れ上がり、秀吉没後も、彼女が亡くなる寛永元年（一六二四）まで存続した（内田九州男「北政所・高台院の所領について」）。

慶長三年（一五九八）八月十八日、秀吉は伏見城でその波瀾に満ちた六十二年の生涯を閉じた。彼の遺言により、嫡子秀頼とその生母淀殿が、翌年正月十日、大坂城に居を移した。この時点でお祢は大坂城西の丸にいたが、同年九月二十六日、ここを五大老筆頭の徳川家康に明け渡し、自らは京都・三本木《さんぼんぎ》の屋敷に移り住んだ（内田九州男「お祢の生涯」）。

同八年十一月三日、お祢は「高台院《こうだいいん》」と

いう院号の勅許を得ている。尼姿の彼女は、夫や自身の生母・養父母など近親者の菩提を弔うとともに、淀殿とも手を携えて豊臣家安泰に力を尽くした（跡部信「豊家存続に〝連携〟していた淀殿と高台院」）。けれど、懸命の努力も空しく、大坂夏の陣で秀頼・淀殿は自害し、豊臣家は滅亡した。それから十一日ののち、慶長二十年（＝元和元年）五月十九日付の伊達政宗に宛てた書状で、高台院は「大坂の御事ハなにとも申候ハんすること（言）の葉も御入候ハぬ事にて候」と、深い嘆息を交えて、その感慨を述べた。

高台院はその後も、兄家定の没後備中足守藩主となった甥の木下利房や、やはり甥で豊後《ぶんご》日《ひ》出《じ》藩主となった木下延俊《のぶとし》など、実家の人々と交流を続けながら余生を送り、七十六年の天寿を全うした。

豪姫の母と養母

さて、一方のお松であるが、彼女は天文十六年に織田信長の弓頭をつとめた篠原主計《しのはらかずえ》の娘として生まれた。まもなく父が亡くなり、母は高畠直吉《たかばたけなおよし》に再嫁するが、同十九年、お松は母の妹（長齢院《ちょうれいいん》）の嫁ぎ先である前田利昌（利春とも）のもとに引き取られ、やがて利昌の四男で十歳年上の従兄利家と結婚する。

この利家とお松の結婚について、『混見摘写』は秀吉が媒酌人をつとめたと記すが、他方『可《か》観《かん》小説《しょうせつ》』『関屋《せきや》政春《まさはる》古兵談《こへいだん》』などは、秀吉ではなく、お祢が媒酌人になったと伝えている。いずれも秀吉・お祢夫妻と利家・お松夫妻がいかに親密な間柄であったかを示すため、後世に付会された伝承と考えられ、秀吉・お祢夫妻同様、利家・お松夫妻も、正式な婚礼などなく、事実婚であったとするのが、こんにちの一般的見解である。

阿弥陀三尊懸仏（滋賀・舎那院蔵）

『寛政重修諸家譜』によると、利家には六男十女があったが、その内、嫡男利長を含む二男五女がお松の所生であったと伝えられる。

豪姫は、利家・お松夫妻にとって三番目の子供であったが、子宝に恵まれない秀吉・お祢夫妻の養女となった。『可観小説』や『関屋政春古兵談』によると、出産の前から、生まれてくる子が男児であっても女児でも秀吉夫婦が貰い受けるという約束ができていて、誕生するとす

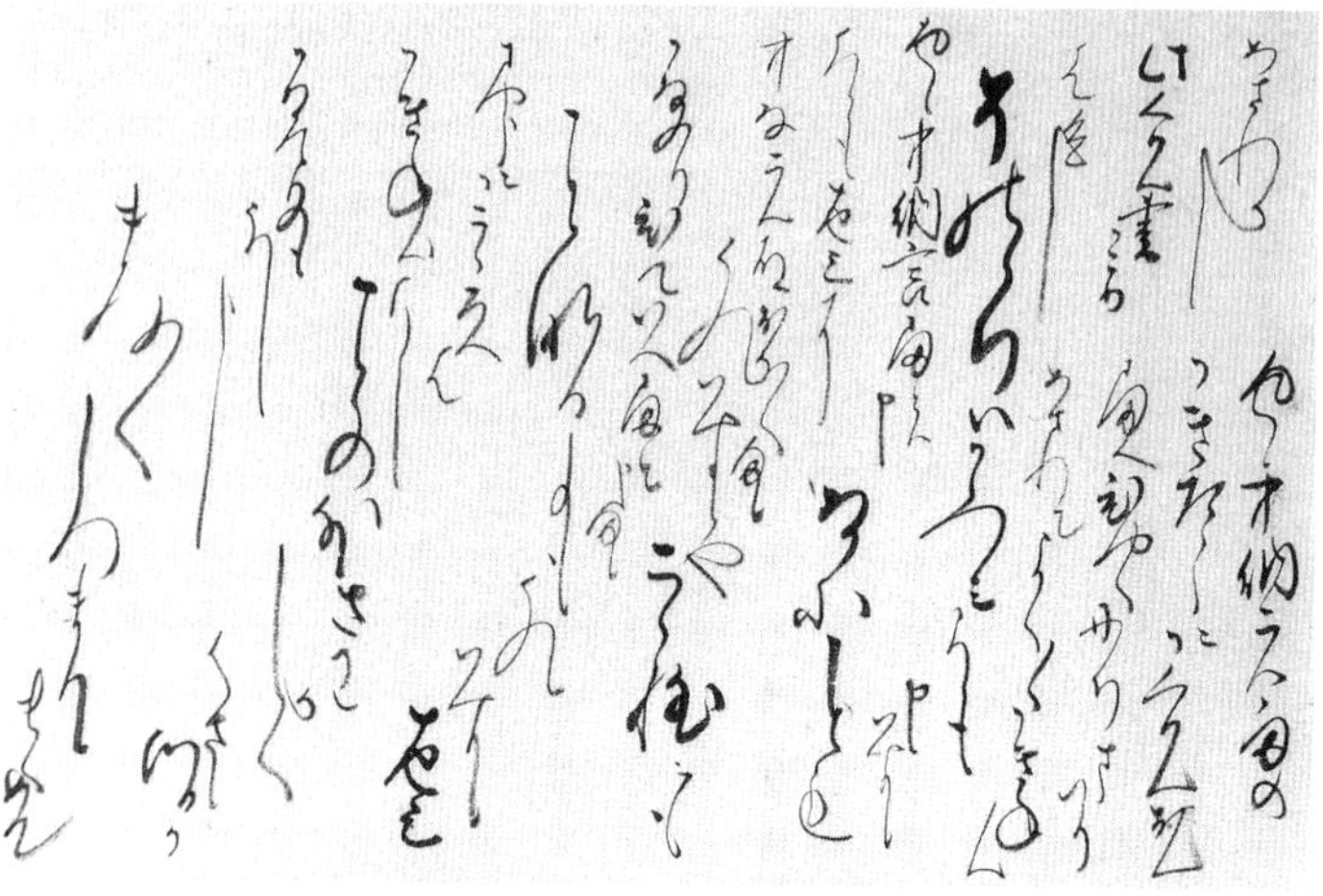

ぐに、秀吉は赤ん坊を懐中に抱いて連れ帰った、とのことである。これに関しては、『川角《かわすみ》太閤記』のように、豪姫は二歳の時、秀吉の養女となったと記す異伝もあるが、いずれにせよ、まだ物心がつかない幼少の頃から、豪姫が秀吉・お祢夫妻によって養育されたことは紛れもない事実である。

秀吉とお祢は、ともかく豪姫をかわいがった。長浜市の舎《しゃ》那《な》院《いん》に所蔵される阿弥陀三尊懸仏は、天正九年八月三日付で、当時長浜城主だった秀吉が寄進したもので、裏面には「羽柴筑前守殿御れう（寮）人甲戌歳息災延命如意御満足処」と、寄進に至った理由が記されているが、「甲戌歳」、すなわち天正二年生まれの「羽柴筑前守殿御れう人」とは、豪姫を指すと考えるのが自然であろう。

これ以降も秀吉は、病気がちの豪姫の健康を気

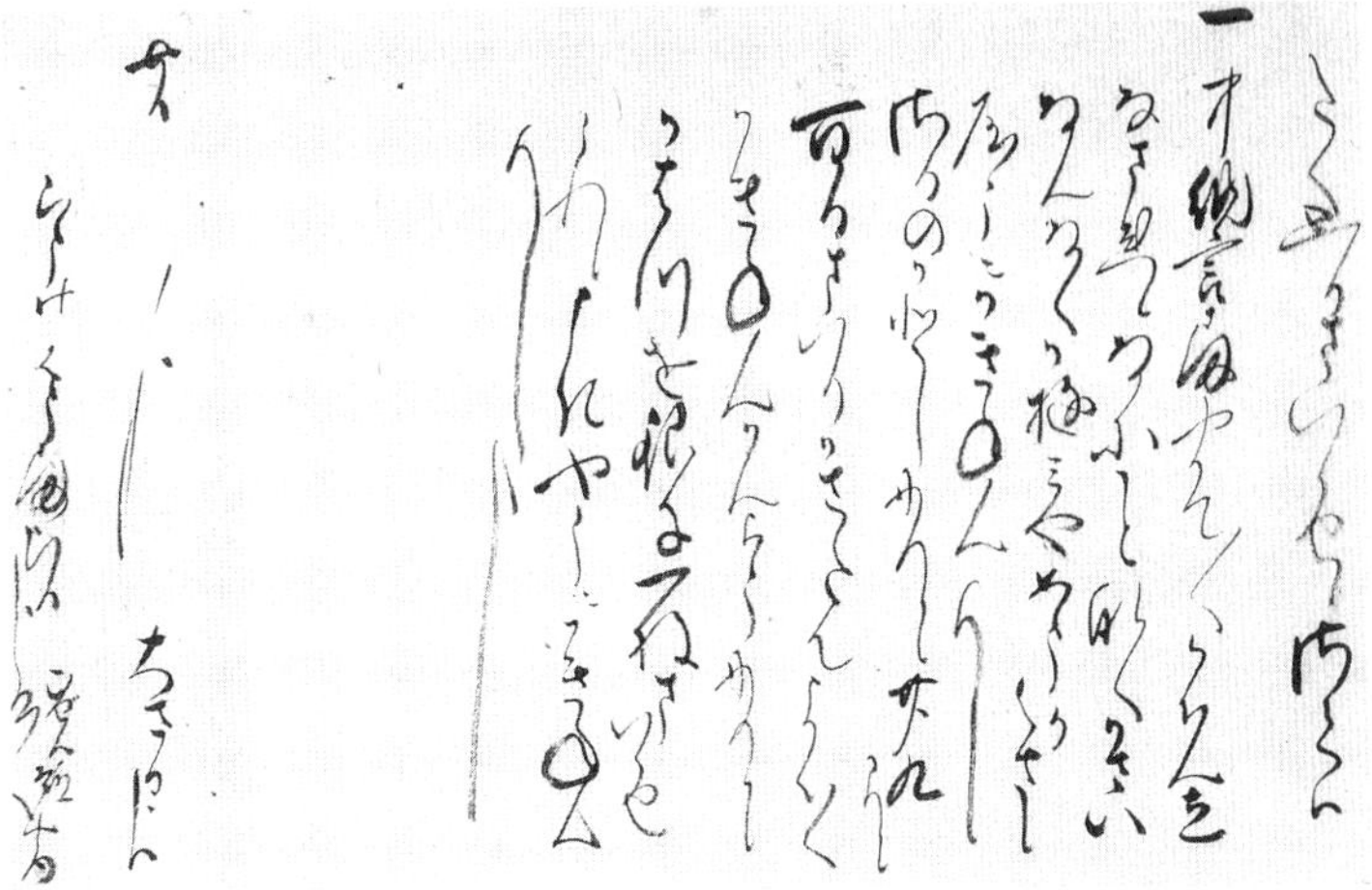

豪姫願文　（慶長5年8月）7日付　らうのはう宛（奈良・廊坊家蔵）

遣い、合戦の間もしばしば陣中からお祢に宛てて文を送り、豪姫の状態を尋ねている。豪姫の病気は狐が憑《つ》いたせいだとして、伏見稲荷大社に宛てて、豪姫の体から立ち退かないならば、日本全国に狐狩りを命じるぞと、狂気じみた朱印状を発給したのも、豪姫に対する秀吉の愛情の深さが尋常でなかったことを物語っている。

「男ならば関白にしたものを……」とお祢に口惜しく語った手紙で、秀吉は豪姫のことを「太閤秘蔵の子」と表現し、「位はお祢よりも高く、秀吉同等にする」とさえ述べている。

その豪姫は、やはり秀吉の養子であった宇喜多秀家と結婚した。まさに、豊臣家のプリンスとプリンセスのカップルで、秀家は未だ若年であるにもかかわらず、戦国歴戦の将、徳川家康・前田利家・毛利輝元・上杉景勝と並んで、豊臣家五大老に列した。

秀吉没後の関ヶ原合戦で、秀家は西軍に与《くみ》し、徳川家康と敵対した。豪姫は、「中納言さまやかて御ちん立なされ候、なにことなく、御さいなん《（災難）》なく、御ゆミや《（弓矢）》めうか《（冥加）》御さ《（座）》候やうニ、御きねん《（祈念）》候へく候、さる《（申）》の御とし《（歳）》にて候、廿九にて候」「世上に中なこん《（納言）》殿おほ《（多）》く候まゝ、御なのり《（名乗）》ひて《（秀家）》いえさまと申候まゝ、さやう《（左様）》ニ御こゝろへ《（心得）》候て、御きねん《（祈念）》候へく候」と、大和・長《は》谷寺《せでら》に対し、戦勝祈願の祈祷を依頼した（廊坊《ろうのぼう》家文書）。けれど、その願いも空しく、戦いは徳川方東軍の大勝利に帰し、敗軍の将たる秀家は落ち延びて、いったん島津領国の薩摩《さつま》に身を隠したのち、助命され、豪姫との間にできた二人の男子、秀高・秀継とともに八丈島へ配流となった。秀家は、同地で生きながらえ、明暦元年（一六五五）十一月二十日、八十四歳でこの世を去った。

関ヶ原合戦ののち、豪姫は娘二人を連れて、金沢の実家に身を寄せた。豪姫が養母高台院のもとではなく、前田家に戻ったことが興味深い。

京都・三本木の広大な屋敷に住み、一万五六〇〇石余の所領を有する身とはいえ、大坂城を秀頼と淀殿に譲った高台院のもとには、豪姫を受け入れる豊臣という「家」が既になかったことを意味しているのであろう。

武将たちとその母

関ヶ原合戦を前にして、前田家も窮地に陥ったことはよく知られている。

慶長四年閏《うるう》三月三日、秀吉から秀頼の後見を頼まれた前田利家が、秀吉の後を追うかのように六十三年の生涯を閉じた。利家はその死にあたり、既に家督を譲っていた嫡男利長に、自らの死後三年間は領国に帰ることのないよう遺言した。ところが、同年八月二十八日、利長は大坂を離れて帰国の途についた。

前田利家画像（大阪城天守閣蔵）

『三壺記《みつぼき》』などによると、利長に帰国を勧めたのは徳川家康だったとのことであるが、その家康が利長に謀叛の企てありと、加賀征伐に動く気配を見せた。驚いた前田家側では横山長知《よこやまながちか》ら重臣を大坂の家康のもとに派遣し、弁明に努めたが、なかなか了解は得られず、ようやく芳《ほう》

芳春院画像（京都・芳春院蔵）

春《しゅん》院《いん》（お松）を人質として江戸に下すことで、和解が成立した。

翌年五月十七日、芳春院は伏見を発し、江戸に向かったが、『桑華字苑《そうかじえん》』によれば、この時彼女は、「侍は家を立る事第一なり。我等年寄末近し。人質に行くからは覚悟在。かまへて我等の事などおもひて、家をつぶすべからず。つまる所は我等をば捨てよ、少も心にかくるな、家を立る所を専にせよ」と言い残し、毅然と旅立ったと伝えられる。しかし、近年新たに公表された「東路記《あずまじのき》」によれば、芳春院は、「世のため、君の御ためなといひそぞのかされて、しら《（知）》ぬあつま《（東）》のたび《（旅）》におもむく《（赴）》、よハひ《（齢）》いまハ《（今際）》のほど《（程）》にて、いとわり《（理）》なき《（無）》事になん思ひたゆたひ《（揺蕩）》し」云々と真実のところを吐露しており、「君の御ため、世のため、又ハ子を思ふ心のやミ《（闇）》にハ何をか思ひわきまへ侍らんとて、やす〱《（易々）》と思ひた《（立）》ちぬ」と、秀頼公のため、世の中のため、そして何よりも我が子利長を思う心情から、やっと決心がついたと、正直に告白している。

　この芳春院の江戸下向について、「これが家康が諸大名の妻子を人質にとる濫觴《らんしょう》になった」（小和田哲男「前田利家と徳川家康」）という評価があり、慶長七年正月二十六日に、利長が母芳春院を見舞うため江戸に赴き、将軍秀忠に伺候したことが、「参勤交代の最初」（忠田敏男「加賀百万石の参勤交代」）であるとも言われる。

　だがしかし、芳春院は前田家当主利長の妻ではなく、母であったことに注目したい。慶長十九年五月二十日に利長が没し、それを機に、三代藩主利常（利家の四男）の生母寿福院《じゅふくいん》（もとお松の侍女で、利家の側室。千世《ちよ》）と芳春院が交代したことも、母であることに意味があったことを示している。

　ところで、仏教は女性を不浄視するなど、いわゆる〝女性差別〟に大きな影響を及ぼした。けれども仏教において、「女性」は忌避されたが「母性」は評価されたとの興味深い指摘がある（勝浦令子「古代における母性と仏教」）。こうした思想は、母への孝養を主題とする多くの仏教説話などを通して広く喧伝《けんでん》され、深く浸透していった。つまり、女人は「女性」という面では男性よりも下位に甘んじざるを得なかったが、母となり「母性」を併せもつことによって、孝養を尽くす対象となり、尊重される存在になるというわけである。

反面、母となれなかった女人や、子を失ない寄るべき「家」をなくした女人たちが、尼寺で集団生活を営んだことも知られている（細川涼一「鎌倉時代の尼と尼寺」）。

こうした歴史的事実は、女人にとって、母となること、そして家を継ぐ、あるいは別家を立てる息子を持つということが、いかに大きな意味を持つことであったかを、あらためて教えてくれる。

戦国大名の正室・側室にとってもそれは同じで、彼女たちは、夫の死後、息子たちに大切に慈しまれて、その余生を安穏に過ごしたのである。

このように、母と息子とは強いきずなで結ばれていた。であればこそ、武将たちが、本来孝養を尽くさなければならない母親を人質に出すということは、きわめて重要な意味を持ったのである。

長久手《ながくて》合戦で一敗地にまみれた秀吉が、妹旭姫を離縁させてまで嫁がせても、家康は臣従の意を表さなかった。けれど、秀吉が母大政所を送るに及んで、ついに家康も上洛を決意した。

政治的理由から自らを残して松平家を去り、久松家に再嫁した生母お大の方（伝通院《でんづういん》）をこよなく愛した家康には、母親を人質に差し出すことの重みが、身にしみて理解できたのであろう。

実否はともかく、『織田軍記』に、丹波《たんば》・八上《やかみ》城攻略に手こずった明智光秀が、快進撃を続ける秀吉に遅れることを焦り、老母を人質に差し出すかわりに波多野秀治《はたのひではる》兄弟を降伏させた、と記されるのも、母親を人質に出すという行為が、武将にとって、まさに最終手段と認識されていたことを物語っている。

芳春院はその切り札を出して、前田の「家」を救ったのである。けれど高台院にその術《すべ》はなかった。

大坂冬の陣突入前、大仏殿鐘銘事件の和解案の一つとして、家康側から淀殿の江戸下向が提案されている。秀頼生母たる淀殿には、芳春院同様、豊臣家を救う手段が残されていたのである。けれど彼女は、それに応じることなく、豊臣家を滅亡へと導いた。

母となったお松は、その立場を十分認識し、存分に活かすことで「家」を守った。しかし母になれなかったお祢には、側面から擁護することはできても、自ら身を投げ出し、豊臣の「家」を守ることはかなわなかったのである。

〈参考文献〉

跡部信「豊家存続に〝連携〟していた淀殿と高台院」（『歴史群像シリーズ【戦国】セレクション 激闘大坂の陣』、学習研究社、二〇〇〇年）
池田公一著『「槍の又左」、前田利家―加賀百万石の胎動―』（新人物往来社、一九九九年）
内田九州男「北政所・高台院の所領について」（山陽新聞社編『ねねと木下家文書』所収、山陽新聞社、一九八二年）
内田九州男「お祢の生涯」（渡辺武・内田九州男・中村博司共著『写真太閤記』所収、保育社、一九八三年）
内田九州男「北政所・高台院所領をめぐって」（『きょうどし いくの』四、一九八三年）
小和田哲男「前田利家と徳川家康」（花ヶ前盛明編『前田利家のすべて』所収、新人物往来社、一九九九年）
勝浦令子「古代における母性と仏教」（『季刊 日本思想史』二二、一九八六年。のち同著『女の信心―妻が出家した時代』に再録、平凡社、一九九五年）
菊池紳一編『前田利家の謎』（新人物往来社、二〇〇一年）
桐野作人「二代利長の苦悩―関ヶ原合戦と前田家」（前田利祐ほか著『おまつと利家―加賀百万石を創った人びと』所収、集英社、二〇〇一年）
桑田忠親著『豊臣秀吉研究』（角川書店、一九七五年）
桑田忠親著『太閤の手紙』（文春文庫、一九八三年）
小林千草・千草子「『東路記』複層構造に秘められた真実」（前田利祐ほか著『おまつと利家―加賀百万石を創った人びと』所収、集英社、二〇〇一年）
田端泰子著『女人政治の中世』（講談社現代新書、一九九六年）

忠田敏男「加賀百万石の参勤交代」（前田利祐ほか著『おまつと利家―加賀百万石を創った人びと』所収、集英社、二〇〇一年）
人見彰彦「北政所（高台院）と木下家の人々」（山陽新聞社編『ねねと木下家文書』所収、山陽新聞社、一九八二年）
平野明夫「前田利家の妻女たち」（花ヶ前盛明編『前田利家のすべて』所収、新人物往来社、一九九九年）
細川涼一「鎌倉時代の尼と尼寺―中宮寺・法華寺・道明寺―」（同著『中世の律宗寺院と民衆』所収、吉川弘文館、一九八七年）
北國新聞文化センター編『利家とまつに学ぶ　北國新聞文化センター特別講座「続金沢学」』（北國新聞文化センター・北國新聞社、二〇〇一年）
皆森禮子「おまつ（芳春院）江戸へ人質の旅―『東路記』を中心に」（前田利祐ほか著『おまつと利家―加賀百万石を創った人びと』所収、集英社、二〇〇一年）
宮本義己「前田利家と豊臣秀吉」（花ヶ前盛明編『前田利家のすべて』所収、新人物往来社、一九九九年）
渡辺世祐著『豊太閤の私的生活』（講談社学術文庫、一九八〇年）

第九章 淀 殿——浅井三姉妹の長女

母お市の方、父浅井長政

戦国時代随一の美女ともいわれるお市《いち》の方《かた》が、尾張《おわり》から北近江《おうみ》の戦国大名浅井長政《あざいながまさ》のもとに嫁したのは永禄十一年（一五六八）のことと考えられている。お市の方は一般に織田信長の妹とされるが、史料によっては信長の従兄弟である織田與康《ともやす》の娘を妹として嫁がせたとか（『織田系図』）、実はお市の方自身が信長の従兄妹であったとも伝えられている（『以貴小伝《いきしょうでん》』）。

真実のところはわからないが、ともかくお市の方は長政に嫁ぎ、翌永禄十二年にはやくも長女の茶々《ちゃちゃ》を産んでいる。この茶々こそ、のちの淀殿《よどどの》である。さらに翌永禄十三年（＝元亀元年）には、次女の初《はつ》が誕生したと考えられる。

お市の方が長政に輿入《こしい》れした永禄十一年、信長は七月二十五日に室町幕府第十三代将軍足利《あしかが》義輝《よしてる》の弟義昭《よしあき》を、居城である岐阜城郊外の立政寺《りゅうしょうじ》に迎え入れ、はやくも九月二十六日には義昭を奉じて上洛を果たした。その過程で信長は、南近江の戦国大名六角承禎《ろっかくじょうてい》父子を討ち破っ

金ヶ崎城跡　福井県敦賀市

ているが、このとき長政も義兄の上洛戦に従軍し、協力した。

同年十月十八日、義昭は朝廷から征夷大将軍に任じられ、念願の幕府再興を果たしたが、将軍とは名ばかりで、実質的権力は信長が握ったため、次第に義昭と信長の確執は深まり、やがて諸国の大名たちと連絡をとり始めた義昭が信長包囲網を形成する。

その一角を占めたのが、信長のもとに身を寄せる以前に義昭が世話になった越前《えちぜん》の戦国大名朝倉義景《あさくらよしかげ》で、信長はこれを征討するため、永禄十三年（＝元亀元年）四月二十日に京都を出陣した。

信長軍は、四月二十五日に手筒山《てづつやま》城、翌二十六日には金ヶ崎《かねがさき》城を次々と陥落させ、快進撃を続けたが、このとき、信頼し切っていた浅井長政離反の報《しら》せが届く。朝倉・浅井両軍に挟《はさ》み撃ちされる格好となった信長は、殿軍《しんがり》をつとめた羽柴（豊臣）秀吉の奮戦で何とか窮地を脱し、這々《ほうほう》の体で京都に逃げ帰った。

　この長政離反に際し、密書を届けることさえままならなかったお市の方は、両端をしばった小豆《あずき》の袋を陣中見舞いとして兄のもとへ送り、信長が〝袋のねずみ〟状態にあることを伝えたともいわれているが、もちろんこの逸話は後世の創作の域を出るものではない。

姉川古戦場跡　滋賀県長浜市

　そもそも浅井氏は、代々北近江を支配した守護大名京極《きょうごく》氏に仕えた譜代《ふだい》の家臣であったが、主家の家督争いや家臣団の内紛に乗じて勢力を伸ばし、次第に主家を圧倒してこれにとってかわった。しかし、南近江の守護大名であった六角氏に従属する形であったため、長政はこれをよしとせず、六角承禎と対立し戦う一方で、隣国越前の朝倉義景との友好を深めた。ところがこの朝倉氏との関係も決して対等なものではなく、北近江の戦国大名とはいうものの、浅井長政は実質的に朝倉氏麾下《きか》の有力武将といった位置付けであったことが明らかになってきた。

　そうした長政の立場からして、信長を裏切り、義景に味方することは当然すぎる選択であったともいえるが、その

小谷城跡　浅井長政自刃の地　滋賀県長浜市

行動は信長を激怒させ、事態は同年六月二十八日の姉川《あねがわ》合戦へと向かう。

盟友徳川家康との連合軍で、朝倉・浅井両軍を散々に打ち破った信長は、天正元年（一五七三）八月二十日には朝倉義景を自尽に追い込み、その足で浅井氏の居城・小谷城を攻めて、八月二十七日にこれを落とし、当主長政とその父久政《ひさまさ》は自害し果てた。

これより先、信長は、元亀二年九月十二日には、義昭の信長包囲網に与《くみ》して朝倉・浅井氏と連動する比叡山延暦寺《ひえいざんえんりゃくじ》を、全山焼き打ちにして壊滅させ、元亀四年（＝天正元年）七月十八日には京都郊外の槇島《まきのしま》城に拠って挙兵した将軍足利義昭をこともなく破って、追放しており、信長の天下統一事業は着々と進行していた。

小谷城が落城した天正元年に、お市の方は三女江《ごう》（小督《おごう》・お江与《えよ》とも）を産んでおり、長政に

浅井長政墓（左）。中央は長政の祖父亮政、右は父久政の墓。
滋賀県長浜市・徳勝寺

は茶々・初・江という三人の娘以外にも、嫡男万福丸《まんぷくまる》や万寿丸《まんじゅまる》・喜八郎《きはちろう》など数人の男児がいたが、その生母については定かではない。男児のほうは、嫡男万福丸が探索の網にかかり、小谷城攻めの主将であった羽柴秀吉が、主君信長の命を受けて、磔《はりつけ》の上、串刺しの刑に処したが、他は生き長らえた。

一方、茶々ら三人の女児は、母お市の方とともに、落城以前に小谷城から出され、信長のもとに帰された。このようなとき、妻や女児は実家に戻されるのが、戦国当時の慣《ならい》であった。

織田家に戻ったお市の方は、娘たちとともに、信長の叔父で、守山城主の織田信次のもとで庇護されることとなった（「渓心

本能寺跡　京都市中京区

院文」）。ところが、天正二年九月二十九日に信次は伊勢・長島の一向一揆との戦いで討死を遂げたため、信長がお市の方と娘たちを居城岐阜に引き取った。

そして、天正十年六月二日には、明智光秀の謀叛によって、信長が京都・本能寺で非業の死を遂げる。

逆臣光秀は、山崎合戦で羽柴秀吉と戦って敗れ、居城の近江・坂本城を目指して帰る途中、落武者狩りに遭い、波乱の生涯を閉じた。

信長の後継者をめぐっては、信長の次男信雄《のぶかつ》と結ぶ羽柴秀吉と、三男信孝《のぶたか》に与《くみ》する柴《しば》田《た》勝家《かついえ》とが、一騎打ちの様相を呈することになった。

そしてこのとき、信孝の意志によって、お市の方は柴田勝家のもとへ再嫁することになったのである。しかし、この再婚も長続きはしなかった。天正十一年四月二十一日の賤《しず》ヶ《が》岳《たけ》合戦で、柴田勝家は羽柴秀吉に大敗を喫し、居城北ノ庄《きたのしょう》城へ戻った勝家を秀吉の大軍が取り囲み、同月二十四日、勝家は妻お市の方とともに自害し果てた。

小瀬甫庵《おぜほあん》の著した『太閤記』によると、お市の方が「さらぬだに　打ぬる程も　なつの夜のわかれをさそふ　ほとゝぎすかな」と辞世を詠み、これをうけて勝家が「夏の夜の　夢ぢはかなき　跡の名を　雲井に上《あげ》よ　山郭公《やまほととぎす》」と詠じたという。

柴田勝家画像
（柴田勝次郎氏蔵、福井市立郷土歴史博物館保管）

柴田勝家・お市の方墓　福井市・西光寺

秀吉の側室に

さて、この北ノ庄落城に際しても、茶々・初・江の三人は城から出された。彼女らにとっては二度目の落城経験であったが、目の前に現れたのは、またしても羽柴秀吉であった。

そして茶々ら三人は、父浅井長政、母お市の方、兄弟の万福丸、義父柴田勝家の命を次々と奪った憎き秀吉に保護されることとなったのである。

勝家を斃《たお》した秀吉は、大坂城を天下統一の拠点と定め、天正十一年九月一日から築城工事を開始した。茶々らも、この大坂城に入ったと考えられるが、はやくも天正十二年には末娘の江が尾張国知多《ちた》郡大野城の城主佐治《さじ》一成《かずなり》のもとへと嫁がされ、天正十五年には次女の初が近江の京極高次《たかつぐ》に嫁いだ。既に書いたように京極家は元来浅井家の主筋にあたり、三姉妹の父である浅井長政の姉マリアが京極高吉《たかよし》に嫁いで生まれたのが高次であったから、初と高次は従兄妹ということになる。

こうして二人の妹たちが相次いで嫁いでいく中、ひとり残された長女の茶々であったが、やがて彼女は、仇敵《きゅうてき》である〝天下人〟秀吉の側室となり、子宝に恵まれなかった秀吉にとって待望の男児を出産する。

茶々の出産のため、天正十七年正月から淀城の築城工事が始まり、三月には完成する。そして茶々はここに移って「淀のもの」とか「淀の女房」と呼ばれるようになる。本章では、以下彼女のことを「淀殿」と表記することとするが、彼女については一般に「淀君《よどぎみ》」ともいわれるので、ここでそうした呼称について少し触れておきたい。江戸時代になると、淀殿は大野治長や名古屋《なごや》山三郎《さんざぶろう》などを相手に不義密通を重ねた淫乱な女で、ついには豊臣家を滅亡へと導いた、とんでもない悪女であったという噂話が広まる。そうした評価が定着した結果、彼女は、路傍に立つよたかを「辻君《つじぎみ》」というのと同じ意味合いで、蔑《さげす》んで「淀君」と呼ばれるようになったのである。

それはともかく、天正十七年五月二十七日、淀殿は男児を出産した。五十三歳にして初めて我が子を得た秀吉は大喜びで、「棄子《すてご》はよく育つ」との俗信から「棄《すて》」（棄丸）と名付けた。

高野山持明院　和歌山県高野町

「棄」はまもなく「鶴松《つるまつ》」と呼ばれるようになり、同年九月十三日、母淀殿とともに大坂城に移される。そしてこの年十二月、淀殿は高野山の小坂坊《こさかぼう》（現、持明院《じみょういん》）において、父浅井長政の十七回忌、母お市の方の七回忌供養の法要を営み、二人の肖像画を作らせて同坊に納めている。豊臣家の嫡子を産み、正室北政所に次ぐ側室筆頭に躍り出た彼女の立場が、こうした行為を可能

浅井長政像　浅井長政夫人像（お市の方）
（和歌山・高野山持明院蔵／提供：高野山霊宝館）

にしたのである。

　さて翌天正十八年三月一日、秀吉は天下統一の総仕上げとして、北条氏征討のため、小田原へ出陣する。

　小田原城を包囲する陣中から北政所の老女五《ご》さに宛てた自筆書状の中で秀吉は、「若君の顔を見れないのはたいへん残念ではあるけれど、天下を平定し、平和な社会をつくるためには仕方がないと、寂しい気持ちを思い切り、がんばっている」と述べ（「高台寺文書」）、前後して北政所や母大政所に宛てた手紙でも、必ず鶴松の様子を気遣い、はやく会いたいと記している。

　先の四月十三日付の五さ宛の手紙では、「長陣で退屈しているので、諸大名には女房を呼び寄せても構わないと告げた。私は、北政所について淀殿のことが気に入っているので、淀殿にこちらへ来るよう、ぜひ北政所から申し付けて欲しい」とも述べており、この頃淀殿が秀吉にとって、紛れもなく第一の愛妾であったことが知られる。

秀吉が淀殿の派遣を北政所に依頼したのは、当時、正室が側室の監督権を握っていたことによるが、それにしても「そもじに続き候ては、淀の者我らの気に合ひ候」という言いまわしは、北政所に対する秀吉の配慮がよくうかがえる。

頑強に抵抗を続けた北条氏も、天正十八年七月五日、遂に降伏し、秀吉はさらに奥州をも平定して同年九月一日、京都に帰陣した。しかし、何かと忙しく、すぐには鶴松に会えなかったようで、この頃淀殿に宛てて送った自筆書状には、「若君はさぞや大きくなったことであろうな。二十日頃には必らずそちらへ行き、若君を抱きたいと思っている。その時には、そなたも側に寝かせてやるので、楽しみに待っておれ。くれぐれも若君の体を冷やしたりしないように気をつけよ。決して油断するな」と記している（「五島美術館所蔵文書」）。

これほどまでに溺愛した鶴松であったが、天正十九年八月五日、わずか三歳で夭逝《ようせい》してしまう。秀吉の悲しみは、察するに余りある。

再び実子を得ることをあきらめた秀吉は、同年十二月二十七日、甥の秀次に関白職を譲り、京都に築いた聚楽第《じゅらくてい》も秀次に明け渡して隠居し、自らは太閤と称するようになった。

秀頼誕生

そして翌天正二十年(=文禄元年)三月二十六日、かねてから計画していた大陸侵攻のため、秀吉は京都を出陣し、四月二十五日には肥前《ひぜん》・名護屋《なごや》城に到着した。同年七月二十二日、母大政所が没したため、秀吉はいったん帰京したが、十月には再び名護屋城に戻っている。

その名護屋城中の秀吉に吉報がもたらされた。文禄二年(一五九三)八月三日、大坂城中で淀殿が再び男児を産んだのである。狂喜した秀吉は八月十五日には名護屋を発ち、同月二十五日に大坂城に戻り、「棄」と名付けて鶴松を失ったので、今度は「拾《ひろい》」と名付けた。のちの豊臣秀頼である。

翌文禄三年九月二十六日付で、隠居城として築いていた伏見城の築城工事現場から「おひろいさま」宛にしたためた自筆書状で、秀吉は、「先日は普請場まで見送ってくれありがとう。でもあの時は、まわりにたくさん人がいたのであなたの口を思いっきり吸うことができず、たいへん残念でした。いまだにそのことが心残りでなりません。まもなくそちらへ行って、今度は誰に気兼ねすることもなく、そなたの口を吸います。油断してお母さん(淀殿)に口を吸われないよう、くれぐれも気をつけて下さい」と述べている(「大阪城天守閣所蔵文書」)。

拾に対する秀吉の溺愛ぶりがよくわかるが、それがゆえに秀吉は、翌文禄四年七月に、邪魔

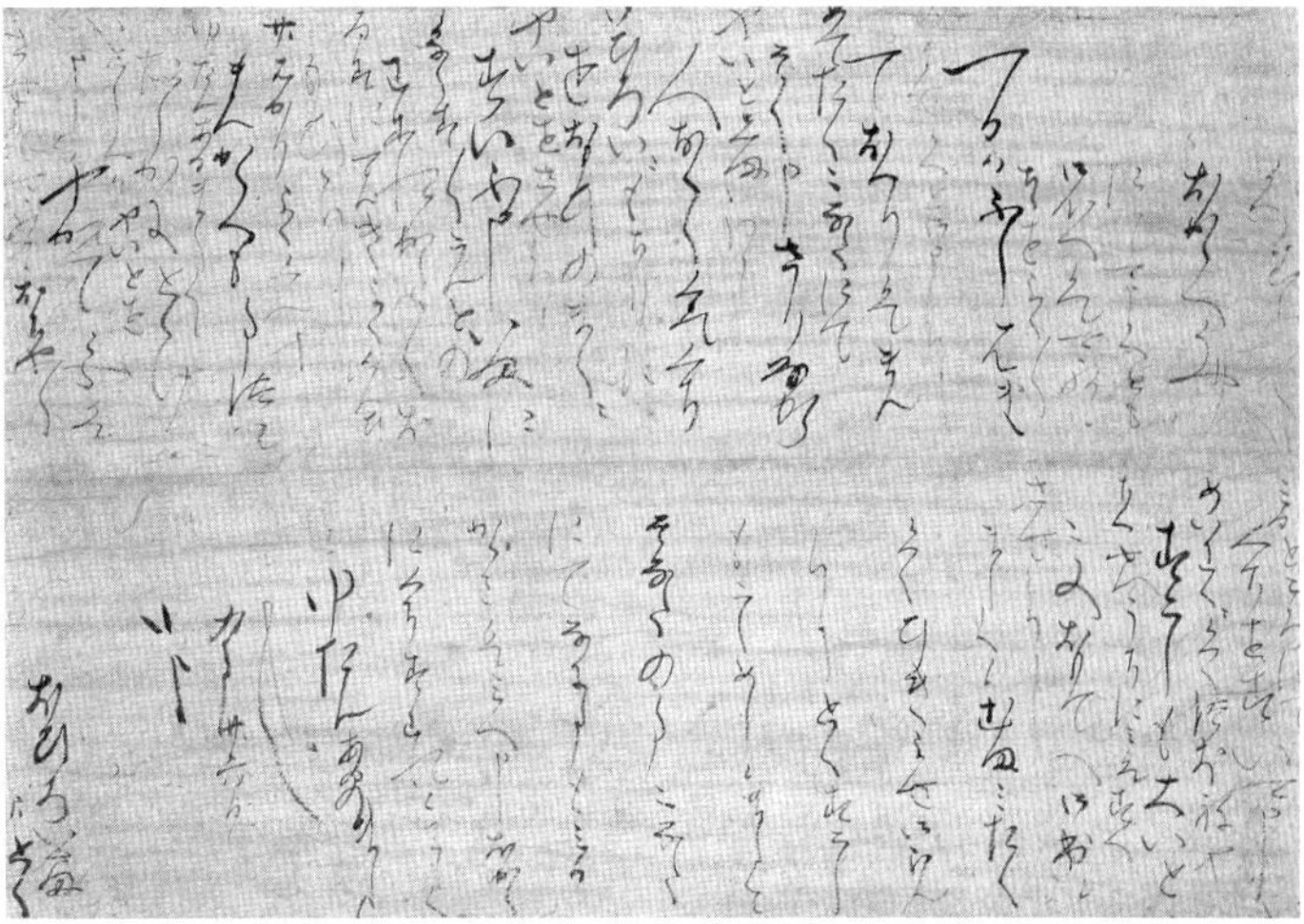

豊臣秀吉自筆書状　（文禄３年）９月 26 日付　おひろい宛（大阪城天守閣蔵）

になった関白秀次を高野山に追放し、自害させるという事件を引き起こす。そしてこの秀次事件の直後、秀吉は自分と拾に対して忠誠を誓う血判起請文を諸大名に提出させた。

秀次に譲った聚楽第も即刻破却されたが、慶長二年（一五九七）正月、秀吉は洛中で新たな城を築き始めた。これより先、慶長元年十二月十七日に拾は「秀頼」と名を改めている。そして慶長二年九月二十六日、禁裏に程近い場所に城が完成し、ここに秀頼が入った。二日後の二十八日、秀吉は秀頼をともなって参内《さんだい》し、宮中で元服した秀頼は従四位下左近衛少将に叙任された。このとき秀頼、わずか五歳である。

京都の新城は「秀頼《ひでより》卿《きょう》御城《おしろ》」とも呼ばれるようになり、ここが将来の関白秀頼の居城となるかに思われたが、翌年秀吉は、自らの死後、秀頼の居城は大坂城にすることと決め、秀頼の後見人として前田利家もともに大坂城に入るよう命じ、徳川家康には伏見城に留まって天下の政務を沙汰するよう命じている（「豊臣秀吉遺言覚書」）。

一五九八年十月三日（慶長三年九月三日）付の書簡で、イエズス会の宣教師フランシスコ・パシオは、秀吉が大坂城を秀頼の居城と定めた理由について、「それから国の統治者が亡くなると戦乱が勃発するのが常であったから、これを未然に防止しようとして、太閤様は日本中でもっとも堅固な大坂城に新たに城壁をめぐらして難攻不落のものとし、城内には主要な大名たちが妻子とともに住めるように屋敷を造営させた。太閤様は、諸大名をこうしてまるで檻《おり》に閉じ込めたように自領の外に置いておくならば、彼らは容易に謀叛を起こし得まいと考えたのであった」と述べている。

そして慶長三年八月五日付で、五大老の徳川家康・前田利家・毛利輝元・上杉景勝・宇喜多秀家に、「秀頼事、成りたち候やうに、此の書付の衆として、たのみ申し候。なに事も、此のほかには、おもひのこす事なく候。かしく。返すぐ〳〵秀頼事、たのみ申し候。五人の衆たのみ申し上げ候〳〵。いさい五人の者に申しわたし候。なごりおしく候。以上」と、六歳のわが子秀頼の将来を必死に嘆願し（「豊臣秀吉遺言状写」）、秀吉は伏見城中で六十二年の生涯を閉じたのである。

秀頼と淀殿も、文禄四年三月二日には伏見城に移っていたが、秀吉の遺命により、慶長四年正月十日に大坂城に入った。

秀吉の構想では、徳川家康と前田利家が両輪となり、秀頼を主人と仰いで、秀吉亡き後の豊臣政権を運営していくことになっていた。ところが、慶長四年閏三月三日には、はやくも前田利家が亡くなって、秀吉が期待した体制は脆《もろ》くも崩れ去る。

慶長四年九月二十六日には、大坂城西の丸にいた北政所が、かつて「秀頼卿御城」と呼ばれた京都・三本木《さんぼんぎ》の屋敷に移り、かわって西の丸には伏見城から徳川家康が乗り込んだ。

翌慶長五年六月十六日、家康は主君秀頼に暇乞《いとまご》いをして、上杉景勝征討のため、会津へと出陣する。家康の専横ぶりを快く思わぬ石田三成らは、この機を狙って挙兵した。

事態は一気に関ヶ原合戦へと向かったが、わが国を二分した合戦は同年九月十五日のわずか一日で決着し、家康方東軍の大勝利に終わった。

九月二十七日には、家康が秀頼に戦勝報告を行ない、そのまま大坂城西の丸に留まって年を越し、翌年三月二十三日に伏見城へと戻ったが、このとき多くの大名たちが、家康とともに伏見へ移って行った。

そして慶長八年二月十二日、家康は朝廷から征夷大将軍に任ぜられて、江戸に幕府を開く。これ以降の秀頼は、一般に、摂津・河内・和泉三ヶ国六十五万石余を領する、徳川幕府体制下の一大名に転落したと思われているが、そうした評価は決して正しくない。秀頼が家臣に与えた知行宛行状は、現在わずか六通しか存在が知られていないが、それでもその六通からは、秀頼の所領が摂津・河内・和泉を越えて、山城・近江・備中などに広がっていたことが知られる。これに「大坂衆」と呼ばれた秀頼直臣団の所領で判別しているものも入れると、その範囲はさらに大和・伊勢・美濃・丹波・讃岐・伊予を加えた十二ヶ国まで広がりを見せる。また、大坂冬の陣が勃発する慶長十九年に至るまで、毎年正月には朝廷から勅使・親王・公卿・門跡《もんぜき》らが年賀の礼に大坂城の秀頼のもとに下向しており、豊臣家は、幕府成立以降も、格別の存在として大坂城に君臨し続けたのである。

実質的な大坂城主に

家康が将軍となってほぼ半年たった慶長八年七月二十八日、秀吉生前の約束にしたがい、家康の孫娘である千姫が秀頼のもとへ輿入《こしい》れする。千姫の母は、淀殿の妹江である。前述したように、彼女は最初佐治一成に嫁いだが、秀吉の命によって離縁させられて、秀吉の甥で、秀次

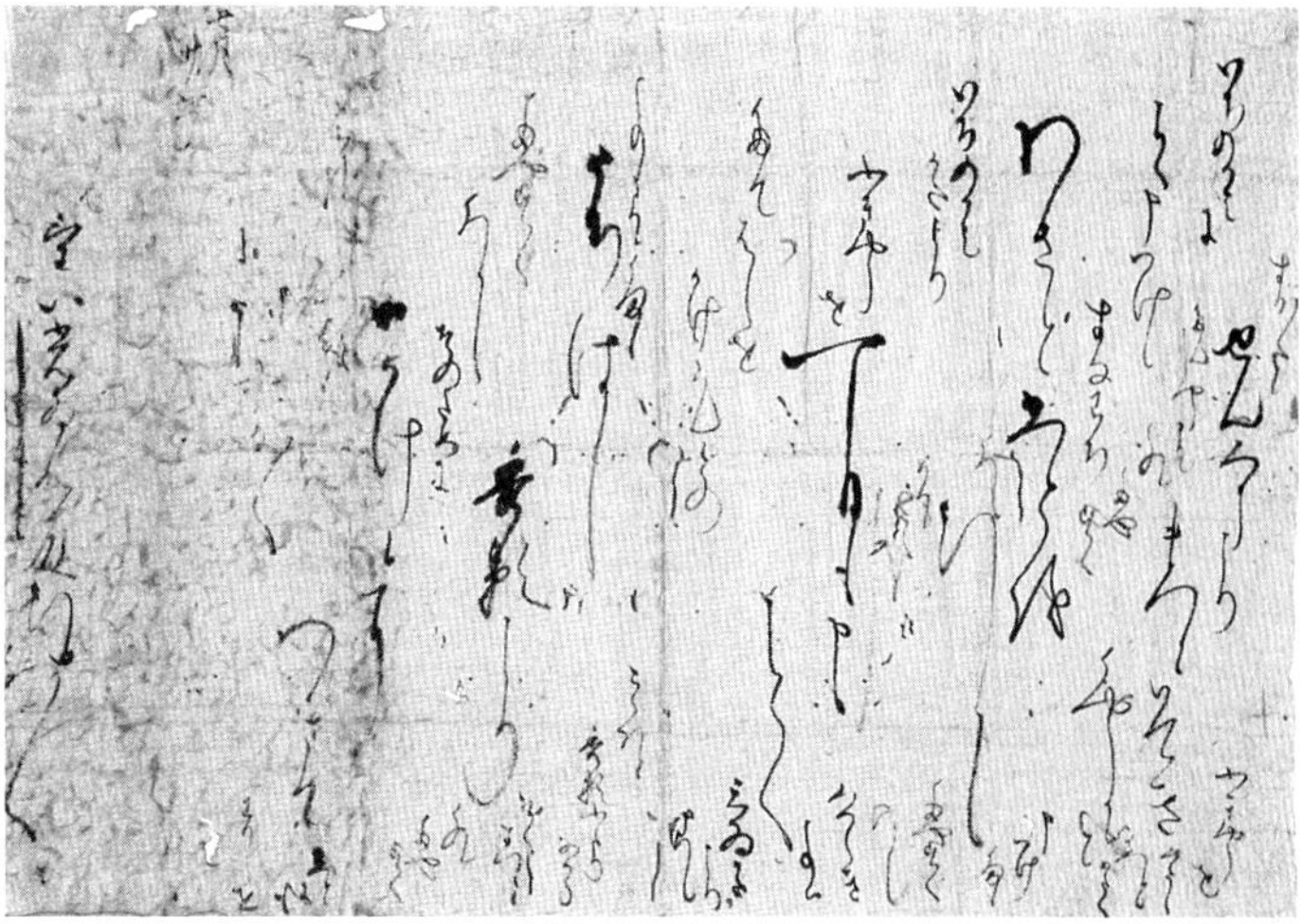

淀殿自筆書状　（慶長9年）7月26日付　いせけい光ゐん宛
（三重・神宮徴古館農業館蔵）

の弟にあたる秀勝に再嫁させられた。第一次朝鮮出兵（文禄の役）の陣中で秀勝が病死すると、またもや秀吉の命で、文禄四年九月十七日、家康の嫡男秀忠と三度目の結婚をさせられたのである。千姫は、秀忠と江にとっては長女で、姑《しゅうとめ》の淀殿にとっては姪にあたった。秀頼十一歳、千姫七歳、幼い従兄妹同士の結婚であった。

　家康が秀吉の遺命を遵守したことに、淀殿も少しは胸を撫でおろしたことであろう。翌年七月十七日に江が秀忠の次子竹千代《たけちよ》（のちの家光）を産んだときは、同月二十六日付の伊勢・慶光院《けいこういん》の周養《しゅうよう》上人に宛てた自筆書状で、「江戸でも若君がするすると誕生した」と喜んでおり（「慶光院文書」）、淀殿はこれ以降も末永く豊臣・徳川両家が共存共栄していくことを願っていたに違いない。

ところで、この自筆書状で淀殿は、伊勢・内宮の宇治橋架け替えについては、次回の式年遷宮に間に合わせるよう、片桐且元《かたぎりかつもと》に堅く申し付けたと述べている。また別の周養上人宛の自筆書状でも、慶光院の建設については伊勢国田丸《たまる》城主の稲葉道通《いなばみちとお》と同松坂城主の古田重勝《ふるたしげかつ》を奉行とするよう片桐且元に命じ、客殿を稲葉、庫裡《くり》と弁財天社は古田にそれぞれ担当させると述べており、大坂城の実質的な城主が淀殿であったことを如実に物語っている。ちなみに当時大坂城内では、淀殿が「上様」と呼ばれ、秀頼は「殿様」、千姫は「姫様」と呼ばれていた。

さて、秀頼は慶長二年九月二十八日に元服した際、従四位下左近衛少将に任じられて以降、翌日に左近衛中将、秀吉在世中の慶長三年四月二十日には従二位権中納言へと進み、関ヶ原合戦後の慶長六年三月二十七日には権大納言、慶長七年正月六日に正二位、慶長八年四月二十二日には内大臣と、順調に昇進を重ねていた。そして慶長十年四月十二日にはさらに右大臣へと昇ったのであるが、その四日後の四月十六日には徳川秀忠が二代将軍となり、将軍職は徳川家による世襲という家康の意志が明らかとなった。そこへ家康が、新将軍秀忠への挨拶をかねて秀頼に上洛するよう求めたため、淀殿は、「どうしても上洛を強いるのならば、秀頼を殺して私も死ぬ」と、激しく怒り狂った。

このときはそれ以上の無理強いをしなかった家康であるが、慶長十六年三月二十七日に予定されていた後陽成天皇譲位の儀式に出席するため、三月十七日に上洛した家康は、再び秀頼に挨拶を要求した。淀殿はやはり激しく抵抗したが、加藤清正や浅野幸長《あさのよしなが》らが説得して、彼ら太閤の遺臣が秀頼の身辺を警護する形で、二条城における家康と秀頼との会見が、同月二十八日にようやく実現する。

けれども、家康は、この程度のことでは到底満足せず、自らの死後の不安を取り除き、将来の禍根を断つべく、豊臣家討滅へと王手をかける。

慶長十九年七月二十一日、京都では秀頼が再興していた大仏殿（方広寺）の落成が間近に迫っていたが、その鐘銘に記された「国家安康」「君臣豊楽」の語句に、これは専ら豊臣家の繁栄を願い、家康を呪詛《じゅそ》するものであるとの難癖《なんくせ》がつけられた。

即刻秀頼は弁明の使者として片桐且元を駿府へ派遣し

二条城　京都市中京区

たが、家康自身は会ってもくれず、本多正純《ほんだまさずみ》・金地院崇伝《こんちいんすうでん》から厳しく詰問された且元は、もはや秀頼が江戸に参勤するか、淀殿が人質として江戸に下るか、あるいは秀頼が大坂城を出て国替えに応ずるか、三つの内いずれかしか家康の怒りを納める方法はないと言上した。

且元とは別に、淀殿からの使者として大蔵卿局《おおくらきょうのつぼね》・二位局《にいのつぼね》・正永尼《しょうえいに》といった女性たちも駿府に遣わされたが、家康は彼女たちを懇《ねんご》ろにもてなしたばかりか、鐘銘のことなど一切口にせず、淀殿・秀頼母子に慰問の言葉さえ与えて、帰坂の途につかせた。

大蔵卿局らから報告を受けた淀殿は、あまりの違いに、且元の徳川方への内通を疑い、身の危険を感じた且元は弟貞隆《さだたか》とともに、ものものしく武装して大坂城を退去する。

大坂の陣で自害

そして且元らが大坂城を去った慶長十九年十月一日、家康は諸大名に大坂への出陣を命じ、大坂冬の陣が勃発する。淀殿ら大坂方は、老獪《ろうかい》な家康に、ものの見事に翻弄されたのである。

とはいうものの、大坂冬の陣に際して淀殿は、女性であるにもかかわらず、甲冑《かっちゅう》に身を包んで城内各所を検分し、全軍を指揮・監督した。大坂城の女主人であった淀殿は、大坂の陣においても紛れもなく豊臣方の総大将だったのである。

大坂冬の陣は同年十二月二十日に、

一、大坂城は本丸のみを残して二の丸・三の丸は破却する。

一、淀殿を人質に取るようなことはしない。

一、豊臣方の将大野治長と織田有楽《うらく》から人質を差し出す。

という三つの条件を互いに確認しあって、和睦が成立する。

このとき豊臣方の使者として交渉にあたったのは、淀殿の妹常高院《じょうこういん》（初）で、家康の側室阿茶局《あちゃのつぼね》がこれに対応した。

翌年三月、和睦の礼を述べるため、秀頼からの使者青木一重《あおきかずしげ》や淀殿からの使者常高院・大蔵卿局らが駿府に下向する。家康は九男義利（のちの尾張徳川家初代義直《よしなお》）の婚儀があるので名古屋城で会うといい、四月十日に名古屋城で彼らを引見したが、豊臣家に再軍備の噂がさかんに聞こえるとして、秀頼が大坂城を出て大和または伊勢に移るか、あるいは新規召し抱えの浪人たちを全員城外に追放せよ、と強硬に迫った。常高院らは懸命に詫びを入れたが、家康は全く聞く耳をもたず、同月二十六日にははやくも前哨戦が始まり、大坂夏の陣へと突入する。

真田幸村《さなだゆきむら》（信繁《のぶしげ》）をはじめとする豊臣方諸将が大いに奮戦したものの、五月七日最後の決戦で、豊臣方は敗れて大坂城は落城し、山里曲輪《くるわ》の焼け残った櫓に潜んだ淀殿・秀頼母子は、翌八日櫓に火を放ち、側近の大野治長・大蔵卿局らとともに自害し果てた。

秀頼の正室千姫は、大野治長によって城外に出され、彼女の父徳川秀忠のもとへ送り届けられた。常高院は、落城寸前に無事脱出を果している。

秀頼が側室との間に儲《もう》けた男児国松丸は、捕らえられて、五月二十三日に六条河原で斬首された。いま一人の女児は助命されて、〝縁切寺《えんぎりでら》〟として名高い鎌倉の東慶寺に入り、同寺二十世天秀尼《てんしゅうに》となって、生涯を通じ、義母千姫と親交を続けた。

豊臣家滅亡の報に接した高台院《こうだいいん》（北政所）は、同年五月十九日付で伊達政宗に宛てた手紙に、深い感慨を込めて、「大坂の御事は、なにとも申し候はんずる言の葉も御入り候はぬ事にて候」（「伊達家文書」）と記している。

高台院は、冬の陣開戦にあたって、戦争を回避すべく、自ら大坂へ向かおうとした。既に通路が封鎖されていて、それが無理とわかると、今度はかつて自らに仕えた秀忠側近の孝蔵主《こうぞうす》を江戸から呼び戻して調停にあたらせようとした。そして、夏の陣に際しては、こうした動きを封じるため、彼女自身が京都で軟禁状態に置かれた。

とかく不和・確執が強調されがちな高台院と淀殿であるが、豊臣家存続のため、二人は手を携えて行動していたことが知られている。

京都市右京区鳴滝《なるたき》の三宝寺《さんぽうじ》境内には、淀殿・秀頼・国松丸の三人の戒名、「大虞院殿英岩大《だいぐいんでんえいがんだい》禅定尼《ぜんじょうに》」「嵩陽寺殿秀山大居士《すうようじでんしゅうざんだいこじ》」「漏世院殿雲山智西大童子《ろうせいいんでんうんざんちせいだいどうじ》」と刻まれた小さな供養塔が、ひっそりとつつましやかに立っている。淀殿の妹初の養女で、のちに公家の今出川宣季《いまでがわのぶすえ》の室となった古奈《こな》姫が建てたものである。

淀殿は、天正十七年に、父浅井長政の十七回忌、母お市の方の七回忌法要を高野山で営んだ

淀殿・秀頼・国松供養塔
京都市右京区・三宝寺

養源院　京都市東山区

が、長政二十一回忌にあたる文禄三年五月には、菩提寺として、京都に養源院《ようげんいん》を建立した。「養源院」は、長政の戒名「養源院殿天英宗清大居士」からとったもので、一族の浅井親政《ちかまさ》の子成伯《じょうはく》法印を開基に迎えたという。

浅井長政の長女として浅井家を背負い続けた淀殿。さらに彼女は、太閤秀吉の遺児秀頼の生母として、豊臣家さえも一身に背負い込んだ。その誇りを胸に、大坂城の女主人として、精一杯時流にあらがってみせたが、彼女の経験した三度目の落城が、彼女ばかりか、最愛のわが子秀頼の命さえも奪ってしまったのである。

〈参考文献〉

跡部信「豊家存続に〝連携〟していた淀殿と高台院」（『歴史群像シリーズ【戦国】セレクション　激闘大坂の陣』、学習研究社、二〇〇〇年）
跡部信「戦国女性の政治力　合戦をも止めた妻たちの連携」（『歴史群像シリーズ【戦国】セレクション　奮闘前田利家』、学習研究社、二〇〇二年）
井上安代編著『豊臣秀頼』（自家版、一九九二年）
小和田哲男著『戦国三姉妹物語』（角川書店、一九九七年）
笠谷和比古著『関ヶ原合戦　家康の戦略と幕藩体制』（講談社、一九九四年）

桑田忠親著『淀君』（吉川弘文館、一九五八年）
桑田忠親著『太閤の手紙』（文春文庫、一九八三年）
下村信博「ある豊臣秀頼の文書」（『名古屋市博物館だより』一一〇、一九九六年）
田端泰子著『戦国の女たちを歩く』（山と溪谷社、二〇〇四年）
中村博司「淀殿の墓」（『観光の大阪』三七三、一九八二年）
横田冬彦「豊臣政権と首都」（日本史研究会編『豊臣秀吉と京都―聚楽弟・御土居と伏見城―』所収、文理閣、二〇〇一年）

COLUMN 3

尼になった豊臣秀頼の娘

慶長二十年（＝元和元年、一六一五）五月、大坂夏の陣で豊臣方は奮戦空しく敗れ、大坂城は落城し、豊臣家は滅亡した。ここでは、その後日譚を紹介したい。

豊臣秀吉は慶長三年八月十八日に六十二歳でその生涯を閉じたが、そのとき後継者の秀頼はわずか六歳の幼児に過ぎなかった。秀吉は最愛の我が子の将来をたいへん心配し、秀頼を守るため、さまざまな方策を考えた上で亡くなった。その一つが徳川家康の孫娘である千姫と秀頼を結婚させるというものであった。秀吉が亡くなった場合、豊臣家に謀叛を起こす可能性が最も高く、いちばん危険な人物が家康であったので、秀頼を孫婿にしてしまえば、さすがの家康も無茶なことはできまいと、秀吉はこの縁組を考え、家康の了解も取り付けた。

　ところが、秀吉が亡くなってわずか二年、慶長五年九月十五日にははやくも関ヶ原合戦が起こり、これに勝利した家康が次第に天下の実権を掌中に収めていく。慶長八年二月十二日には家康が征夷大将軍に任官したので、秀吉の生前に約束された秀頼と千姫の結婚が果た

千姫姿絵（茨城・弘経寺蔵）

して実現するのかどうか、淀殿は大いに不安にかられたに違いない。しかし幸い、同じ年の七月二十八日、千姫は無事、大坂城に輿入《こしい》れし、二人の祝言《しゅうげん》が行われた。このとき秀頼は十一歳、千姫はわずか七歳だったので、いわば形だけの結婚ではあったが、淀殿はほっと胸を撫で下ろしたであろう。それでも時代は次第に豊臣から徳川へと移り変わり、やがて慶長十九

年には大坂冬の陣が勃発する。

秀頼の正室である千姫も大坂城中にいたので、夫秀頼、姑《しゅうとめ》淀殿とともに徳川方の攻撃を受けることとなったわけであるが、最終的には慶長二十年五月七日、大坂夏の陣の大坂城落城の際に千姫は城から脱出した。豊臣家の重臣大野治長らが秀頼・淀殿の助命歎願を千姫に依頼し、城から出したのである。しかし、千姫による必死の歎願も叶わず、翌日には秀頼・淀殿が自害し、豊臣家は滅亡した。

ところで、秀頼には正室である千姫との間に子供はなかったが、側室との間に子供が生まれていて、男児一人、女児一人が、夏の陣後の残党狩りで捕らえられた。


男児は「国松」といい、豊臣家の世継ぎであったから、京都の六条河原で処刑された。

けれども女児の方は、義理の母である千姫が助命を願い入れ、これが聞き届けられた。とはいうものの女性として普通に生きることは許されず、秀頼の娘は鎌倉の尼寺東慶寺に入り、髪をおろして尼になった。

東慶寺はJR横須賀線の北鎌倉駅近くに位置し、一般に「駆け込み寺」「縁切寺」と称され、女人救済で著名な寺である。江戸時代、不幸な結婚に苦しむ女性は、夫からの三下《みくだ》り半（離縁状）がなくても、この東慶寺に駆け込めば、東慶寺が夫との間に入って調停を行ない、離婚を成立させてくれた。それで、「駆け込み寺」とか「縁切寺」とか呼ばれたのである。

その東慶寺に秀頼の娘が入って尼になり、「天秀尼《てんしゅうに》」と呼ばれるようになった。彼女は一生懸命、仏道修行に励み、やがて東慶寺第二十世住職となった。そして、彼女は、この東慶寺で父秀頼の菩提を弔う生活を続けたのである。

一方、千姫の方は、元和二年（一六一六）九月十一日、伊勢・桑名城主本多忠政の嫡男忠刻《ただとき》のもとに再嫁する。翌年、本多家は姫路に転封となり、千姫も姫路城で暮らすようになった。

天秀尼画像（神奈川・東慶寺蔵）

忠刻との間に子供も生まれ、順風満帆で幸せな結婚生活を送ったが、元和七年十二月九日に嫡男幸千代《こうちよ》がわずか三歳で夭逝《ようせい》し、寛永三年（一六二六）五月七日には夫忠刻まで亡くなり、再び寡婦《かふ》となった千姫は江戸に戻った。それから天秀尼との間で、母と子の心温まる交流が始まった。残念ながら、娘の天秀尼の方が正保二年（一六四五）二月七日、三十七歳の若さで先に亡くなってしまい、千姫は寛文六年（一六六六）まで長生きする。七十歳まで長寿を保った千姫は、自身が亡くなるまで、天秀尼の菩提を弔った。

多くの方が、大坂夏の陣で豊臣家は完全に滅亡したと考えておられるようであるが、その後も豊臣秀頼の血を受け継ぐ娘が生き、秀頼の正室であった千姫の保護を受けながら豊臣家の菩提を弔い続けた。そして、その娘が亡くなると、今度は千姫がその菩提を弔ってやった。そうした事実が大坂夏の陣後に存在したのである。

鎌倉の東慶寺に行くと、寺の裏山に天秀尼の墓がある。墓石にはきちんと彼女が秀頼の娘であると刻まれている。また、天秀尼の肖像画も残されていて、彼女が父秀頼の菩提を弔うために作った雲版《うんばん》も残っている。雲版とは、寺の中でさまざまな合図をする際に鳴らして使う道具で、東慶寺の雲版には、父秀頼の菩提を弔うため、という銘文が記されている。

天秀尼墓所　神奈川県鎌倉市・東慶寺

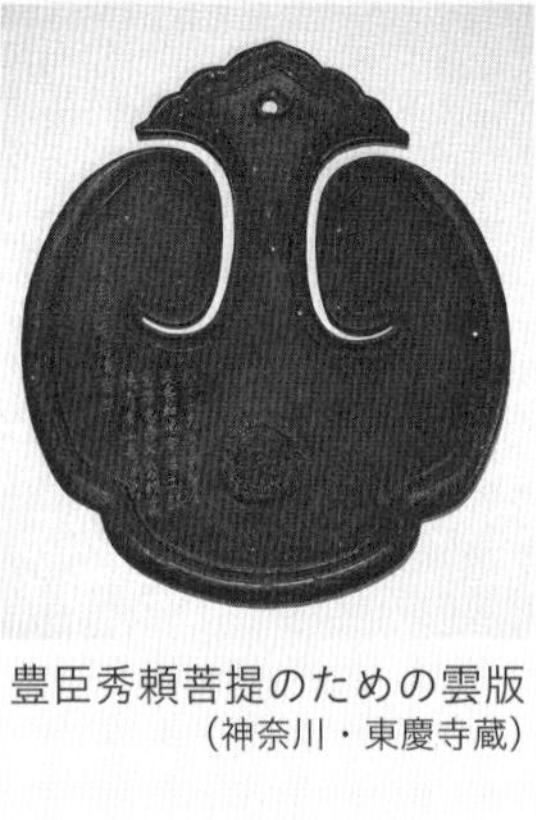

豊臣秀頼菩提のための雲版
（神奈川・東慶寺蔵）

おそらく一般には、鎌倉という土地と豊臣家との間にこれほど深い関係があることはほとんど知られていないであろう。けれども東慶寺には、大坂城で秀頼と淀殿が亡くなったあとも、たしかに豊臣家が存在したという証拠が残っている。鎌倉を訪れる機会があれば、ぜひ東慶寺にも参拝いただきたいと思う。

〈参考文献〉

井上禅定著『東慶寺と駆込女』(有隣新書、一九九五年)
井上安代編著『豊臣秀頼』(自家版、一九九二年)
大阪城天守閣『生誕四〇〇年記念特別展　豊臣秀頼展』(一九九三年)
大阪城天守閣『特別展　戦国の女たち—それぞれの人生—』(一九九九年)
岡本良一「秀頼と千姫」(『秀吉と大坂城　岡本良一史論集　上巻』所収、清文堂出版、一九九〇年)
岡本良一「千姫」(『秀吉と大坂城　岡本良一史論集　上巻』所収、清文堂出版、一九九〇年)
岡本良一「豊臣秀頼遺児の生母」(『秀吉と大坂城　岡本良一史論集　上巻』所収、清文堂出版、一九九〇年)
高木侃著『三くだり半—江戸の離婚と女性たち—』(平凡社、一九八七年)
高木侃著『三くだり半と縁切寺　江戸の離婚を読みなおす』(講談社現代新書、一九九二年)
中村孝也著『千姫真実伝』(国民文化研究会、一九六六年)
中村孝也著『淀殿と秀頼』(国民文化研究会、一九六六年)
橋本政次著『千姫考』(神戸新聞総合出版センター、一九九〇年)

COLUMN 4

豊臣秀頼の息子たち

慶長二十年（＝元和元年、一六一五）五月七日、大坂夏の陣で大坂城は落城し、翌八日に豊臣秀頼・淀殿が自害して、豊臣家は滅亡する。そして厳しい残党狩りが始まり、まもなく五月十二日には秀頼の娘、二十一日には息子が捕らえられた。ここでは、その秀頼の息子について少し紹介したい。

実は大坂夏の陣で豊臣家が滅亡するまで、秀頼に子供がいるということ自体、公にはなっていなかった。秀頼の正室は徳川家康の孫娘である千姫であったから、その千姫との間に子供がないのに、側室との間に子供が生まれたので、豊臣家では徳川家を憚《はばか》り、公表していなかったのである。けれども、どうやら秀頼に子供があるらしいとの噂を聞きつけた徳川方が、夏の陣後に探索を行い、その結果、男児と女児、二人の子供が見つけ出された。

秀頼の長男は名を「国松」といった。男児の場合、将来豊臣家の後継者になる可能性があるため、側室との間に秀頼の男児が生まれたことが徳川方に知られると、どんな問題に発展するやもしれず、絶対に秘密にしておく必要があった。それで淀殿は、京極《きょうごく》家に嫁いでいた妹の初《はつ》（常高院《じょうこういん》）に相談して、生まれた男児を若狭《わかさ》・小浜《おばま》の京極家に預けることとしたのである。国松は、京極家の家臣宅で育てられ、養育した家臣にも秀頼の子であることは知らされなかったので、国松本人も自分が秀頼の子とは知らずに大きくなった。

常高院画像（福井・常高寺蔵）

けれども、豊臣家と徳川家の間で大坂冬の陣が勃発すると、国松が父である秀頼と一度も対面しないまま、豊臣家が滅亡する可能性が出てきた。それではあまりにも国松が不憫《ふびん》であると、初は国松に同情し、自らが大坂城中に入る際、荷物の中に紛れ込ませて国松を大坂城に連れ込んだ。この初のはからいによって、秀頼と国松との親子の対面が実現したのである。冬の陣は講和になるが、それ以降も国松は城内に留まり、祖母である淀殿の部屋で暮らした。けれども翌年に夏の陣が起こって大坂城は落城。このとき国松は大坂城を脱出したものの、やがて伏見で捕まり、五月二十三日に京都・六条河原で処刑された。わずか八歳だった。

国松の墓（左）　右は秀吉側室松の丸殿（京極龍子）の墓
京都市東山区・豊国廟

これにより、豊臣家に男子はなくなったということになるが、実は秀頼には、国松とは別にもう一人男児がいたとする史料がある。『本朝高僧伝』『続本朝高僧伝』に求厭《ぐえん》という僧侶の伝記が載っていて、そこにはこの求厭が国松の弟であると記されている。そして、この秀頼の次男、どこで僧侶になっていたかというと、何と江戸の増上寺《ぞうじょうじ》だというのだから驚くしかない。増上寺はよく東京タワーの前に写っている、あの大きな寺で、一般に「芝の増上寺」と呼ばれる浄土宗の大本山である。増上寺は徳川家康の菩提寺《ぼだいじ》で、徳川将軍家の菩提寺でもある。あろうことか、秀頼の次男坊は徳川家菩提寺の僧侶となって、家康の菩提を弔うふりをして、身を隠していたという。たいへん意外な隠れ場所で、これではさすがの徳川方が気づかなかったのも仕方ないかもしれない。

求厭自身が語ったところによると、彼はまんまと増上寺の僧となり、家康の菩提寺で、ずっと父秀頼の菩提を弔《とむら》っていたという。家康が憎くて、憎くてたまらず、徳川家のせいで我が豊臣家は滅んだのだという怒りが、日ごとに強くなるばかりだった。そんな憤りを抑えきれず、遂には増上寺を出て、大坂に向かった。壮大な大坂城を見

ると、なおさら徳川家に対する恨みが深まった。それから今度は伏見を訪れた。ここもやはり、関白の職を辞し、太閤になった秀吉が城を築いて住んだ豊臣家ゆかりの地。秀吉が亡くなったのも伏見城。ところが、その伏見城は既に取り壊されて、跡形もない。荒れ果てた伏見城の跡を眺めていたら、またもや怒りがこみあげてきた。豊臣家を滅ぼした徳川家に対する憎しみ、そして怒りがどんどん強く、激しくなった。そんなとき彼は、仏教を学ぶ僧の身で、修行をしているにもかかわらず、一向に悟りの境地に至らないことを反省したそうであるが、それでも怒りをこらえきれなかったと述懐している。

　ところが年齢を重ね、最晩年にいたって、ようやく平和の続くこの世の中を受け入れることができたと語る。思えば、織田信長の天下も、豊臣秀吉の天下も、その人ひとりだけの天下ではなく、皆のための天下である。そのように考えれば、豊臣家が滅び、徳川の世になったことも小さなことであり、平和で安定した世の中が訪れたことの方をむしろ喜ばねばならない、と思えるようになったという。やっとのことで、そうした悟りの境地に至ったというわけである。そして求厭は弟子たちに対し、次のような言葉を残した。「お前たちも今はまだいろいろと思うことがあるであろう。でも、やがては私のような境地に到達するはずだ」と。

求厭はそれまで自らが秀頼の子であるということを明らかにしていなかった。弟子たちに、「皆は私の素性を知らないであろう。このまま亡くなれば、不審に思うであろうから、この機会に伝えておく」といって、初めて自らの出自を明かし、このような話をしたそうである。

〈参考文献〉

井上安代編著『豊臣秀頼』（自家版、一九九二年）
北川央「それからのお市と娘たち」（小和田哲男編『浅井長政のすべて』所収、新人物往来社、二〇〇八年。のち同著『大坂城をめぐる人々―その事跡と生涯』に再録、創元社、二〇二三年）

あとがきにかえて――大阪城天守閣での展覧会と私の研究分野

本書は過去に発表した拙文の中から、豊臣家の人物について書いたものを選んで一冊にまとめたもので、初出・原題は以下のとおりである。本書収録にあたっては、文体を「である」調に統一し、参考文献の掲載方法についても統一したほか、地名表記を「平成の大合併」後のそれに改め、研究の進展にともない事実関係を修正するなど、若干の加筆・修正を行なったが、内容は概ね初出時のままとなっている。

第一章　「秀吉の青年時代」（堀新・井上泰至編『秀吉の虚像と実像』笠間書院、二〇一六年）
第二章　「豊臣秀吉像と豊国社」（黒田日出男編『肖像画を読む』角川書店、一九九八年）
コラム1　「秀吉の顔」（『葵』九九号、徳川美術館学芸部、二〇一六年）
コラム2　「秀吉の演能と大坂城本丸の能舞台」（『大坂の陣四〇〇年　大阪城本丸薪能』プログラム、大阪城本丸薪能実行委員会、二〇一四年）

第三章　「秀吉没後の豊臣家と大坂の陣」（柏木輝久著・北川央監修『大坂の陣 豊臣方人物事典』宮帯出版社、二〇一六年）
第四章　「秀頼をめぐる噂の真相」（『歴史読本臨時増刊　豊臣家崩壊』、新人物往来社、一九九六年）
第五章　「大阪城　豊臣家の怨霊」（二本松康宏・中根千絵編著『城郭の怪異』三弥井書店、二〇二一年）
第六章　「江戸時代の豊国分祀」（『ヒストリア』一四二号、大阪歴史学会、一九九四年）
第七章　「豊臣秀長と豊臣秀吉」（『歴史読本』五六巻一二号、新人物往来社、二〇一一年）
第八章　「お松とお祢　母になった女人と、なれなかった女人」（『歴史読本』四七巻九号、新人物往来社、二〇〇二年）
第九章　「浅井三姉妹の長女―淀殿」（小和田哲男編『戦国の女性たち　16人の波乱の人生』河出書房新社、二〇〇五年）
コラム3　「尼になった豊臣秀頼の娘」（『ちょっといい話』第一〇集、新風書房、二〇一一年）
コラム4　「豊臣秀頼の息子たち」（『ちょっといい話』第一〇集、新風書房、二〇一一年）

さて、私は神戸大学文学部・大学院文学研究科で、戦後を代表する日本中世史研究者である戸田芳實先生（故人）を指導教官に仰ぎ、基礎から日本史学を学んだ。

当時の私は日本古代史専攻で、古代の神社制度や神話を研究テーマとしていたが、修士論文をまとめたあと、自分の古代史研究に強く行き詰まりを感じるようになり、今からならまだ間に合うと判断して、思い切って日本近世史への転向を試みた。

ちょうどその頃、神戸大学の古代史専攻で二年先輩だった石川知彦さん（現、龍谷大学龍谷ミュージアム副館長・龍谷大学教授）が、学芸員として大阪市立美術館に就職された。石川さんは大学院進学時に日本美術史に移られ、仏教美術専門の学芸員として、初めての展覧会『西国三十三所観音霊場の美術』（一九八七年四月二十八日〜六月七日）を企画されていた。石川さんから準備を手伝って欲しいといわれた私は、石川さんの調査に同行しているうちに、次第に学芸員という仕事に魅せられ、日本近世史の分野で学芸員を目指すことを決意した。

しばらくして大阪城天守閣から学芸員の募集があり、受験したところ、幸い合格することができ、一九八七年一月一日付で私は学芸員として大阪城天守閣に採用された。以来、昨年（二〇二二年）三月三十一日に定年退職により大阪城天守閣館長を退任するまで、三十五年三ヶ月の長きにわたり大阪城天守閣での勤務を続けた。

採用された当初、私には、自分がもともと古代史専攻で、織豊期や近世史をきちんと学んでこなかったことにコンプレックスがあり、果たして自分が大阪城天守閣の学芸員としてやっていけるのかどうか、大いに不安を感じていた。そんな私に、当時大阪城天守閣の主任（「主任」は戦前から続いた館長職名。のち「館長」に改称）であった渡辺武さんは「君は古代史が専門、専門というけれど、四回生の頃からたかだか三年か四年やってきたに過ぎないやろ。大阪城天守閣の仕事に日々真面目に取り組めば、すぐにそちらの方が専門になるから。がんばりや」と励ましの言葉をかけてくださった。以来、私はこの渡辺主任の言葉を心の糧とし、ただひたすら愚直に大阪城天守閣の仕事に取り組んだ。

学芸員になって最初の展覧会は『テーマ展　ときならぬ浪花の花火―大塩事件一五〇周年資料展―』（一九八七年三月二十一日～五月十日）で、私は副担の立場にあったが、この時は正直、主担の先輩学芸員内田九州男さん（現、愛媛大学名誉教授）にいわれるがままに動いただけで、一つ一つの動きにどういう意味があるのか、さっぱりわからないまま展覧会がオープンし、閉幕を迎えた。

副担として取り組んだ二つ目の展覧会が『特別展　秀吉の書と肖像』（一九八七年十月十日～十一月八日）で、私はこの展覧会の準備過程で、ようやく展覧会の進め方が少しはわかるようになった。そして、この展覧会では、我々が秀吉の顔としてよく知る高台寺本や宇和島伊達文化保存会本なども数ある秀吉画像の一、二例に過ぎず、他にも多種多様な秀吉画像が存在することを知った。それとともに、豊臣秀吉に関してはどうしてこれほど多くの肖像画が存在するのだろうかという素朴な疑問ももった。そうしたことが豊臣秀吉画像の研究や秀吉神格化の研究へとつながり、ライフワークともいうべき私の研究テーマとなった。本書の第二章、第六章はこの分野での研究成果で、とりわけ第二章はこの分野における私の代表作との評価を得ている。秀吉画像についてはそののち、『テーマ展　秀吉の貌―変遷するイメージ―』（二〇〇五年三月十九日～五月八日）も開催し、時代とともに、人々の持つ秀吉のイメージが変化することを明らかにした。コラム1はその研究余録ともいうべき内容になっている。

はじめて主担を命ぜられた展覧会は『テーマ展　南木コレクションシリーズ第8回　上方のちらし・引札展』（一九八八年三月六日～四月十日）で、「ちらし・引札」に関してまったくの無知、門外漢であった私は多くの関係書籍を読み、過去に引札の展覧会を開催された博物館に足を運んで担当学芸員に教えを乞い、何とか開催に漕ぎ着けた。ところが意外なことに、この展覧会は我々の予想をはるかに上回る大人気を博し、翌年にまた『テーマ展　南木コレクションシリーズ第9回　上方のちらし・引札展（Ⅱ）』（一九八九年三月五日～四月九日）を開催することとなり、二回の展覧会の成果をカラー図版満載の『江戸・明治のチラシ広告　大阪の引札・絵びら【南木コレクション】』（東方出版、一九九二年）という豪華本にまとめることもできた。こうして引札も私の研究分野の一つとなり、引札の歴史や引札と戯作者《げさくしゃ》、引札と浮世絵師について論じた拙文、引札を史料として当時の世相・風俗を読み解く拙文などをいくつか公表した。拙著『大坂城と大坂・摂河泉地域の歴史』（新風書房、二〇二二年）の第五部を「引札の歴史、引札が語る歴史」とし、「『引札の歴史』概観」（『まいど！ご贔屓に―引札に見る忠臣蔵の世界―』赤穂市立歴史博物館、二〇〇八年）など、いくつかの拙文を収めた。内容に重複があるため収録を見送ったが、「引札―その歴史と魅力」（『印刷とモトヤ』五五号、モトヤ、一九九一年）、「引札を創った人々」（『大阪人』五八巻一号、二〇〇四年）などもこの分野の代表的な成果となっている。そして、二〇〇〇年四月一日から二〇〇二年三月三十一日まで、引札研究の専門家として、国際日本文化研究センターで『宗田文庫目録』の客員編集委員も務めた。

続いて私は、『特別展　〝上方〟への誘い―南木コレクション名品展―』（一九八九年十月八日～十一月十二日）の主担も務めた。「南木コレクション」は上方文化研究家の故南木芳太郎氏（一八八二～一九四五）が収集された近世・近代の大坂における庶民生活・庶民文化の一大史料群で、私はこの展覧会を担当することで、二回の『上方のちらし・引札展』の成果もあわせて、江戸時代の大坂の庶民生活や庶民文化、年中行事、さまざまな商い、そして全国から訪れた人々の大坂市中めぐりなどを新たな研究テーマにするようになった。こうした分野の成果の一つが私編著の『おおさか図像学―近世の庶民生活』（東方出版、二〇〇五年）である。その後の『特別展　浪花百景―いま・むかし―』（一九九五年十月十四日～十一月十四日）、『特別展　浮世絵師　初代長谷川貞信が描いた　幕末・明治の大坂―「水の都」の原風景―』（二〇〇三年三月二十一日～五月五日）も、江戸時代の大坂市中めぐりや大坂名所への関心から開催したものである。

大坂市中めぐりに関する研究は、以前から抱いていた近世の庶民信仰に対する興味・関心と相俟って、西国巡礼、伊勢参宮、金毘羅参詣、善光寺参りといった近世の庶民による信仰の旅に関する研究へと発展した。『近世金毘羅信仰の展開』（岩田書院、二〇一八年）、『近世の巡礼と大坂の庶民信仰』（岩田書院、二〇二〇年）にこの分野の代表的な成果を収めている。江戸時代の庶民による信仰の旅というテーマからは、さらに、西国巡礼三十三度行者や高野聖・熊野比丘尼・伊勢御師・六十六部廻国聖といった専門宗教者による布教の旅へと関心が広がり、『神と旅する太夫さん　国指定重要無形文化財「伊勢大神楽」』（岩田書院、二〇〇八年）や「伊勢大神楽の回檀と地域社会」（園田学園女子大学歴史民俗学会編集『漂泊の芸能者』所収、岩田書院、二〇〇六年)、「伊勢大神楽における檀那場の継承」(『春の丹波に獅子が舞う　諸国をめぐる伊勢大神楽』所載、亀岡市文化資料館、二〇〇九年)、「関東における大神楽事情―伊勢・江戸・水戸、三つの大神楽の関係―」(幡鎌一弘編『近世民衆宗教の旅』所収、法藏館、二〇一〇年)といった二十篇にも及ぶ一連の伊勢大神楽に関する研究へとつながった。そして、「大神楽」という芸能をともなう専門宗教者を扱ったことで、関心はさらに芸能史全般へと拡大し、二〇〇五年四月一日から二〇一四年三月三十一日まで十年間にわたり独立行政法人日本芸術文化振興会(国立劇場)の伝統芸能伝承者養成研修講師を務めることにもなった。

こうした間には『生誕四〇〇年記念特別展　豊臣秀頼展』(一九九三年三月二十日～五月五日)の主担も務めた。当初は、関ヶ原合戦後の豊臣家は摂津・河内・和泉の三ヶ国を領する一大名の立場に転落したとする通説にしたがって内容を構成したが、準備を進めていくうちに、そうした通説では説明しきれない事象としばしば向き合うこととなった。そうしたことが、秀頼時代の豊臣家の研究、さらには大坂の陣研究に私が取り組むきっかけとなった。本書の第三章・第四章・第九章、コラム3・4はそうした分野の研究成果や研究余録となっている。

また、『特別展　戦国の女たち―それぞれの人生―』(一九九九年十月九日～十一月十四日)でも主担も務めた。戦国時代の女性というと、一般には「男たちによって政略の道具とされ、その人生を弄《もてあそ》ばれた結果、最後には彼ら男たちの野望・権力闘争の犠牲となって潰える悲劇のヒロイン」といった負の側面が強調されがちであるが、実際には彼女らの中には黒印状や判物といった公文書を発給し、抜群の政治的手腕を発揮する女性もいた。この展覧会の開催を機に戦国時代の女性たちに興味を抱くようになった私は、織田信長側室のお鍋の方、豊臣秀吉正室の北政所お祢（高台院）、信長の妹で浅井長政の正室となったお市の方と三人の娘茶々（淀殿）・初（常高院）・江（崇源院）、前田利家正室のお松（芳春院）、前田利家の娘で豊臣秀吉の養女となった豪姫、明智光秀の娘で細川忠興正室の玉子（ガラシャ）、徳川家康側室の阿茶局（雲光院）・お梶の方（英勝院）、徳川秀忠の長女で豊臣秀頼正室の千姫（天樹院）、豊臣秀頼の娘天秀尼、また豊臣家の侍女たちなどに関する拙文を公表した。本書の第八章・第九章、コラム3はそうした分野の成果でもある。この分野の代表的な拙文としては、ほかに「戦国乱世を生きた女性―信長・秀吉・家康の妻たち―」（『二〇〇二年日本書芸院展　特別展観図録　日本の歴史を彩った女性の書』所載、日本書芸院・読売新聞社、二〇〇二年）、「明智光秀の娘―細川ガラシャ」（小和田哲男編『戦国の女性たち―16人の波乱の人生』所収、河出書房新社、二〇〇五年）、「大坂の陣に翻弄された女性たち」（『歴史読本』五〇巻二号、新人物往来社、二〇〇五年）、「それからのお市と娘たち」（小和田哲男編『浅井長政のすべて』所収、新人物往来社、二〇〇八年）などがあり、「戦国乱世を生きた女性」を除く三編は拙著『大坂城をめぐる人々―その事跡と生涯』（創元社、二〇二三年）に再録した。

ところで、私は一九九九年四月一日から二〇〇四年三月三十一日までの五年間、財団法人大阪都市協会が発行する月刊『大阪人』の編集アドバイザー・歴史監修を務めた。その月刊『大阪人』五七巻九号（二〇〇三年九月）で「不思議伝説―幽霊・妖怪・ご利益」の特集を組むこととなり、私は江戸時代の大坂城で語られた怪談を一から収集し、「大阪城の怪談」と題した拙文にまとめた（のち「大坂城の怪談」と改題して拙著『なにわの事もゆめの又ゆめ―大坂城・豊臣秀吉・大坂の陣・真田幸村―』関西大学出版部、二〇一六年に再録）。すると、これがたいへん大きな話題となり、『新耳袋　現代百物語』の著者である木原浩勝さんや中山市朗さんから声がかかって怪談のイベントやラジオ番組などに頻繁に出演するようになった。作家の有栖川有栖さん、京極夏彦さん、田辺青蛙さん、文芸評論家でアンソロジストの東雅夫さん、松竹芸能の北野誠さん、松原タニシさんらと共演させていただく機会も得た。また拙文「大阪城の怪談」自体も、毎日放送アナウンサーの柏木宏之さんによって脚本化され、「大阪城のこわ～い話」と題して毎日放送主催、大阪市共催の『オーサカキング二〇〇五』の中で舞台作品として上演された。この作品は、毎日放送ラジオの『ドラマの風』第二一六回「大坂城のコワーイ話」として放送もされた（二〇〇五年八月二十二日）。

「大阪城の怪談」が有名になったお蔭で、中根千絵先生（愛知県立大学教授）からお声がけいただき、中根先生と二本松康宏先生（静岡文化芸術大学教授）編著の『城郭の怪異』（三弥井書店、二〇二一年）に参加し、「大阪城　豊臣家の怨霊」と題した拙文を掲載いただいた。『怪』四一号（KADOKAWA、二〇一四年）に掲載した「怨霊と化した豊臣秀吉・秀頼」に大幅に加筆したものであるが、その際、編集を担当くださったのが三弥井書店出版部の吉田智恵さんで、刊行後、「北川先生がこれまでお書きになったものを当社でおまとめになりませんか」とお声がけいただいた。それがきっかけで、本書の刊行が実現した。

吉田さんには刊行に至るまで、終始温かい言葉で励ましていただくとともに、内容構成や体裁に関して適切なアドバイスを頂戴した。お蔭で、本書は読者にとって親しみやすく、読みやすい体裁に仕上がった。この場をお借りして、あらためて吉田さんに深く感謝の意を伝えたいと思う。

三十五年三ヶ月も勤めた大阪城天守閣を退職して一年半が過ぎた。相変わらず「近世史を基礎から学んでこなかった」とのコンプレックスは拭えずにいるが、就職当初に渡辺主任から頂戴した言葉を心の支えに、三十五年間、真摯に大阪城天守閣の仕事に取り組んだことは紛れもない事実である。今回、この「あとがきにかえて」を書くにあたって、あらためて振り返ってみると、大阪城天守閣での展覧会開催とともに研究テーマが確立し、広がっていったことが明瞭で、就職してから最初の十二年間で、私の主要な研究テーマが出揃った。渡辺主任の言葉どおり、大阪城天守閣の仕事に日々真面目に取り組んだ結果、本書をはじめとする、いくらかの成果を残すことができたのである。あらためて貴重なお言葉を賜った渡辺元館長（主任）には感謝の意を申し述べたい。

最後になったが、ここで本書のタイトルについて少し触れておきたい。拙著『近世金毘羅信仰の展開』や『近世の巡礼と大坂の庶民信仰』の「あとがきにかえて」にも書いたが、私は小学校五年生の時に和歌森太郎考証・解説『学習まんが　日本の歴史』（集英社）の第二巻「花さく奈良の都　飛鳥・奈良時代」、第三巻「貴族の黄金時代　平安時代」の二冊を読んで、日本の歴史、とりわけ日本古代史に興味を持つようになった。その翌年に放送されたNHK大河ドラマが『国盗り物語』で、私はこれを見て戦国〜織豊期にも関心を抱くようになり、翌春には私が家族旅行の計画を立て、邦光史郎著『戦国の城』（保育社カラーブックス）をガイドブックにして、岐阜城や岐阜市内の常在寺・崇福寺・道三塚・鷺山城跡、大垣城・名古屋城・熱田神宮・徳川美術館などを訪ねた。そのときの『戦国の城』を書棚から取り出すと、表紙カバーには、「国盗り物語の舞台　城跡と古戦場を訪ねて」の文字が白抜きされた真っ赤なシールが今も貼られたままである。そして私は、大河ドラマ放映時に読んだドラマ原作の『国盗り物語』を手始めに、『尻啖え孫市』『梟の城』『新史太閤記』『播磨灘物語』『功名が辻』『関ヶ原』『城塞』『風神の門』『覇王の家』といった司馬遼太郎さんの作品を貪《むさぼ》るように読んだ。私を戦国〜織豊期の世界に導いてくれたのは間違いなくこれら一連の司馬作品である。歴史学界に「司馬史観」を批判する声が多いのはよく承知しているが、これだけ多くの人たちに、歴史に興味・関心を抱かせた司馬さんの功績ははかりしれない。私は今も感謝の意を込めて、年に二度は東大阪市の司馬遼太郎記念館に足を運び、その作品世界に浸っている。その司馬さんには、豊臣秀次・小早川秀秋・宇喜多秀家・高台院・豊臣秀長・南明院・結城秀康・八条宮・淀殿らを扱った連作長編『豊臣家の人々』がある。本書のタイトルについて、編集担当の吉田さんとあれこれ考え、意見を交わしたが、結局、『豊臣家の人々』以外にふさわしいタイトルは思いつかなかった。とはいえ、まったく同じタイトルにもできないので、「人々」を「人びと」とし、「〜栄光と悲哀の一族〜」というサブ・タイトルを付けることとした。出自さえ定かならぬ秀吉は、その類稀なる才能を遺憾なく発揮し、瞬く間に出世を遂げて、一代で天下人にまで登り詰め、栄耀栄華をきわめた。ところが彼が亡くなると、遺児秀頼の代に大坂夏の陣で豊臣家は呆気《あっけ》なく滅び、この世から消え去ってしまう。その光と陰の強烈すぎるコントラストは、日本人の心を長らく捉え続けた『平家物語』の世界とも重なり、豊臣人気の一つの大きな要因にもなっている。そして、豊臣家の人々それぞれの人生にはやはり「光と陰」がある。「〜栄光と悲哀の一族〜」というサブ・タイトルは、それらも含めて表現したつもりである。本書を読んで、その内容に興味を持ってくださった方には、『大坂城　秀吉から現代まで50の秘話』（新潮新書）、『大坂城をめぐる人々―その事跡と生涯』（創元社）、『大坂城と大坂の陣―その史実・伝承』『大坂城と大坂・摂河泉地域の歴史』（いずれも新風書房）、『なにわの事もゆめの又ゆめ―大坂城・豊臣秀吉・大坂の陣・真田幸村―』（関西大学出版部）などの拙著も、関連する内容となっているので、あわせてご一読いただければ幸いである。

二〇二三年八月十八日　　豊臣秀吉四二六回忌の祥月命日に

北川　央

著者略歴

北川　央（きたがわ・ひろし）

1961 年、大阪府生まれ。神戸大学大学院文学研究科修了。専門は織豊期政治史、近世庶民信仰史、大阪地域史。1987 年に大阪城天守閣学芸員となり、主任学芸員、研究主幹などを経て、2014 年より大阪城天守閣館長。2022 年 3 月末に大阪城天守閣を定年退職し、現在は九度山・真田ミュージアム名誉館長。
著書に『大坂城——秀吉から現代まで 50 の秘話』（新潮新書）、『大坂城をめぐる人々——その事跡と生涯』（創元社）、『大坂城と大坂の陣——その史実・伝承』『大坂城と大坂・摂河泉地域の歴史』（以上、新風書房）、『なにわの事もゆめの又ゆめ——大坂城・豊臣秀吉・大坂の陣・真田幸村』（関西大学出版部）、『大阪城ふしぎ発見ウォーク』（フォーラム・A）、『神と旅する太夫さん——国指定重要無形民俗文化財「伊勢大神楽」』『近世金毘羅信仰の展開』『近世の巡礼と大坂の庶民信仰』（以上、岩田書院）など、編著に『おおさか図像学——近世の庶民生活』（東方出版）、共編著に『大和川付替えと流域環境の変遷』（古今書院）、監修に『図説日本の城と城下町①大阪城』（創元社）、『大坂城——絵で見る日本の城づくり』（講談社）、『大坂の陣豊臣方人物事典』（宮帯出版社）など。

豊臣家の人びと——栄光と悲哀の一族

2023（令和 5）年 12 月 10 日　初版発行

定価はカバーに表示してあります。

著　者　北　川　央
発行者　吉　田　敬　弥
印刷所　藤原印刷株式会社
発行所　三　弥　井　書　店

〒108-0073　東京都港区三田 3-2-39
電話　03-3452-8069　振替東京 8-21125

2023　ISBN978-4-8382-3412-7　C0020